金三角與一帶一路

陳文華——著

目　次
CONTENTS

代序——金三角釋名

第一章　馬幫
　雲南回民　019
　　馬守義　031
　潘泰　034
　霍　036
　德佑　040
　潤民　042

第二章　果敢
　楊家　047
　　楊氏土司表　051
　果敢自衛隊　056
　蔣介石　057
　二戰後　060
　國民黨軍　063
　楊振材和楊振聲　065
　楊金秀　071
　果敢鴉片　074

第三章　坤沙

　　坤沙先世　079

　　坤沙　085

　　自衛隊制度　089

　　牢獄　090

　　撣族獨立　092

　　彬龍協議　093

　　青年義勇軍　094

　　當陽起義　095

　　㛲哏罕　096

　　召光正　097

　　賀蒙　099

　　圍攻　100

　　國民黨情報局　106

　　　張蘇泉　112

　　　梁仲英　116

　　　趙夢雲　116

　　國共角力　117

　　糯康　119

第四章　毒品熱戰

班關之戰　123

第二次鴉片戰爭　130

滿星疊之役　140

萊朗之戰　143

第五章　佤邦

佤族　147

馬俊國　152

艾小石　155

佤邦聯合軍　162

第六章　彭家王朝

彭家聲　167

滾弄大戰　171

楊茂良兵變　172

四大家族　174

彭德仁　175

鮑有祥　176

林明賢　177

三兄弟聯盟　178

1027行動　181
　　臘戌戰役　182
　　統一上緬　184

第七章　緬甸困境
　　緬軍　185
　　一帶一路到皎漂和苗瓦迪　189
　　敏昂來　192
　　民族團結政府　193
　　民地武　195
　　　撣邦　196
　　　克倫邦　198
　　　克欽邦　201
　　　若開邦和羅興亞人　204
　　　德昂民族解放軍　208
　　　克耶邦　209
　　　孟邦　210
　　　欽邦　210
　　　緬甸民族革命軍　211

主要參考資料

代序——金三角釋名

美國國務院官員馬歇爾・格林（Marshall Green）在 1971 年年東南亞鴉片會議發言，首次使用金三角之名。

他不是無緣無故造這個詞的。

英國 1888 年出兵緬甸北部的撣邦之前，撣邦原稱「金國」（Meung-Duan-Suon-Kham）。

中國古籍載撣邦一帶民族有撣、金齒、銀齒、黑齒、白衣、白夷、擺夷等名。

撣語屬漢藏語系的壯侗語族；撣與中國雲南西雙版納的傣族、泰國的泰族、寮國的佬族和印度東北部阿桑姆的阿洪（Tai Ahom）是同族。泰族領地也包括寮國、緬甸撣邦、中國雲南西雙版納和越南西雙楚泰。印度阿薩姆（Assam）是「撣」（Shan）的異寫。

公元 12 世紀時，柬埔寨安哥窟城牆刻有若干泰人當柬埔寨的雇傭兵。柬埔寨稱這些泰人為 Syam，來自梵文的 Syama，義為黃金，因當時泰人膚色呈金色。Syam，即為戰前泰國稱暹邏（Siam）之「暹」，也就是「撣」（Shan）。

越南的泰族，大多聚集在今日奠邊（Điện Biên）、萊州（Lai Châu）一帶。20 世紀初，法國殖民當局曾與當時

該區泰族首領簽署協定，成立「西雙楚泰」（Sip Song Chau Thai），意思為「泰族十二州」。

中國史上公元 650－1253 年的南詔應是其同族所建國家。撣族編年史稱南詔為 Tai-Hok-Mueng，義為泰族六國聯邦。

泰國自稱其國名（Mueang Thai）「勐泰」，村落單位也稱「勐」。酋長領地乃至現代都會都稱勐。

雲南西雙版納傣族自治州內如「勐海」、「勐臘」等；或寮北「芒賽」（Muang Xay）以及緬北「孟東」（Mong Ton）和金三角李彌反共救國軍著名基地猛撒（Mong Hsat）等都稱「勐」。

緬甸語稱 Syam 或 Sayam 為 Shan，是「撣」音由來。撣邦內撣人自稱傣或泰。Shan 是 1592 年英國商人蘭卡斯特（James Lancaster）最初使用，中文譯為撣。緬甸撣族有近 250 萬人，其中百分之六十二居住在撣邦。撣邦之外，撣族還分佈在克耶邦、克欽邦和親敦江上游等地，緬甸中部一帶地區和克倫邦首府巴安附近也有些撣族村寨。

今天所謂的金三角其實是緬甸、老撾、泰國交界的一塊很小的一角，總面積 15－20 萬平方公里。此處交通閉塞、泰國政府在這三國交界點的河岸豎立一座刻有「金三角」字樣的牌坊，對面屬於寮國，老撾金三角特區是趙偉的金木棉公司所開發，為中共習近平一帶一路重點項目。

金三角與傳說「金地」有關。

中國西南內陸有金沙江，它經歷千年淘金，至今黃金依然未竭。金沙江全長 2,308 公里，貫穿中國青海、西藏、雲南、四川 4 省；巧家縣一帶，河流呈現 U 字形開敞河谷，流速減緩，砂金沈積，是中國聞名的淘沙點，下游差一點連結越南紅河。金沙江離金三角不遠。

「金地」見諸佛教史料。

印度阿育王（Asoka，紀元前 268－232 年），與中國秦始皇（紀元前 259 年－210 年）約略同時；他是印度摩羯陀國（Magadha）孔雀王朝（Maurya）第三世名王。關於阿育王傳記甚多，最近有印度德里大學 Nayanjot Lahiri 教授著《古印度的阿育王》（Ashoka in Ancient India，美國哈佛大學出版社）。

《大藏經》中有西晉安法欽譯《阿育王傳》、蕭梁僧伽婆羅譯《阿育王經》、苻秦曇摩難提譯《阿育王息壞目因緣經》、元魏吉迦夜共曇曜譯《付法藏因緣傳》等。

至今印度到處仍然留存阿育王石刻法敕，其中摩崖石柱第 13 號銘文的記載，當時全國遍建伽藍，王從首都派遣「達摩摩訶馬陀羅」到鄰國及諸侯國內弘法，使佛教勢力蔓出恆河流域。

《錫蘭島史》載，紀元前三世紀，印度阿育王曾派遣

須那（Sona）、鬱多羅（Uttara）二人到「金地」（Suvanna-bhūmi）傳教。

巴利文的《大史》（Mahavamsa）載，阿育王時派遣傳教師分九支路線，往不同的地方弘法，其中第八支線有須那與鬱多羅二位長老前往「金地」（Suvannabumi）。

漢譯佛經《善見律毘婆沙》〈卷2〉：「即遣大德：『末闡提！汝至罽賓、揵陀羅吒國中。摩呵提婆！至摩醯婆末陀羅國。勒棄多！至婆那婆私國。曇無德！至阿波蘭多迦國。摩訶曇無德！至摩訶勒吒國。摩呵勒棄多！至臾那世界國（是漢地也）。末示摩！至雪山邊國。須那伽鬱多羅！至金地國。摩哂陀、鬱帝夜參婆樓拔陀！至師子國。各豎立佛法。』於是諸大德各各眷屬五人，而往諸國豎立佛法。」

賈耽《安南通天竺道》：「自羊苴咩城西至永昌故郡（保山）三百里。又西渡怒江，至諸葛亮城（惠人橋）二百里。又南至樂城（潞西）二百里。又入驃國（緬甸）境，經萬公等八部落（南坎 Nam Kham），至悉利城（太公城，Tagaung）七百里。又經突旻城（西保，Hsipaw）、皎克西（Kyaukse 或蒲甘 Pagan）至驃國（Pyu，今卑謬，Prome）千里。又自驃國西度黑山（阿拉干 Arakan）山脈，或緬、印交界的那伽（Naga），至東天竺迦摩波國（Kamarupa），在印度阿薩姆（Assam）邦西部千六百里。又西北渡迦羅都河

（Brahmaputra）至奔那伐檀那國（Pundravardhana，在今孟加拉 Bogra）六百里。又西南至中天竺國東境恆河南岸羯朱嗢羅國（Kajnghira），印度比哈爾（Bihar）邦的拉杰馬哈爾（Rajmahal）四百里。又西至摩揭陀國（Magadha），比哈爾邦南部六百里。

一路自諸葛亮城西去騰充城（騰沖）二百里。又西至彌城（神護關）百里。又西過山，二百里至麗水城（Talawgyi）。乃西渡麗水（伊洛瓦底江）、龍泉水（孟拱，Mogaung 河），二百里至安西城（孟拱）。乃西渡彌諾江水（親敦江，Chindwin R.），千里至大秦婆羅門國（印度曼尼普爾，Manipur 邦）。又西渡大嶺，三百里至東天竺北界箇沒盧國（迦摩波 Kāmarūpa 之異譯）。又西南千二百里，至中天竺國東北境之奔那伐檀那國，與驃國往婆羅門路會。」此即抗日期間，英軍從緬甸仰光撤入印度蘭姆伽之路線，也可能就是須那伽鬱多羅至至金地國的路線。

日人佐藤俊三在《阿育大王》一書中認為「金地」是在緬甸及馬來亞一帶。緬甸傳說「金地」是孟族（Mon）在下緬甸的直通（Thaton）所建國家。兩說皆不完全正確。金地應是泰族居住地，包括緬甸撣邦。撣邦盛產鴉片，故稱金三角。本書所涉「金三角」，同樣地也就不限於泰國極北所立「金三角」牌坊對面的一偶之地了。

緬甸撣族一度西擴至孟加拉之北的印度阿薩姆，為印度的一部分。

　　此外，緬甸靠海最古民族為孟，來自印度。孟與柬埔寨的吉蔑（Khmer）同族，合稱孟－吉蔑（Mon-Khmer）。吉蔑留有安哥窟印度文化遺產，現在國名柬埔寨（Kampuchea）亦來自印度古國劍浮沙（Kamboja）。

　　緬甸人孟族稱為得楞（Talaing）。印度古國有羯陵伽（Kalinga），紀元前261年為阿育王征服。羯陵伽音變而為得楞。

　　印度西南方金奈（Chennai），舊稱馬德拉斯（Madras），附近有地名Telingana，與得楞音近，傳說為孟人故里，後移居湄公河流域，散居下緬甸沿海一帶，初以直通（Thaton）為中心，公元六世紀，轉移至庇古（Pegu）。不久，因受到上緬甸緬族人（Burman）壓迫而淪為少數民族。

　　緬族屬於藏緬語族，第一批南下的藏緬族是驃族（Pyu）。其後，有克倫族（Karen）、撣族（Shan）等移入。

　　撣、孟、緬各族都相鄰而居。

　　緬甸宗教，首先傳入者為印度之婆羅門教，稍後佛教由孟加拉、奧立沙（Orissa）等地傳入。

　　佛教最初傳入者為上座部，即俗稱的「小乘」。公元十世紀以後，大乘佛教及密教始漸傳入。在十一世紀以前，

緬甸有一種大乘阿利僧派（Ari）存在，此派僧眾著藍色法服，蓄髮，生活放蕩，謂若造惡，僅須念誦救護咒，即可不受因果報應，復分為林住與村住二支。此派較印度性力派更極端，屬於墮落形式之喇嘛密教。此一教派在阿奴律陀王（Anuruddha）之前，為蒲甘一帶教派中勢力最盛者，其中心地為沙摩底（Samati）。待蒲甘王朝（公元1044－1287年）興起後，緬甸早期佛教各派及阿利僧派先後衰亡。斯里蘭卡歷史記載佛教傳入緬甸最初之地為「羅摩那提沙」（Ramannadesa），它在薩爾溫江及西塘河（Sittang River）流域之間，後來國土擴張至下緬（Lower Burma，指緬甸南方）全部。

不過緬甸傳說佛教傳入甚早，佛陀成道時，最初佈施食物的兩位商人即為緬甸人。當時，緬甸有鬱迦羅國（Ukkala）國，該國商人帝波須（Tapassu）與跋利迦（Bhallika）一說他們來自印度的巴爾赫卡（Balhika）或保卡拉瓦蒂（Pokkharavati，白沙瓦附近）往返於緬甸與印度之間。他們從緬甸買了五百牛車的貨物運送到耽羅慄底（Tamralipti），途經鬱鞞羅（Uruvela）森林遇見佛陀，時佛陀安坐菩提樹附近的藍迦耶塔那（Rajayatana）樹下，兩兄弟獻上蜂蜜米粥，是佛陀成道後的第一頓飯。帝波須與跋利迦得到了佛陀八綹頭髮後，返回鬱迦羅國。於是國王蓋了

千佛塔（Botathoung）、蘇雷寶塔（Sule）和著名的大金塔（Shwedagon pagodas）。寶塔供養佛陀髮舍利。

兩兄弟再到摩揭陀國（Magadha），在王舍城（Rajagaha）跟隨佛陀學法。後來跋利迦出家，證得阿羅漢（arahant）果。帝波須證得須陀洹（sotāpanna）果，仍然是在家居士，繼續經商。帝波須阿羅漢和伽梵婆提阿羅漢，傳授給緬甸人民的正法，戒（sīla）、定（samādhi）、慧（paññā）並重。帝波須和伽梵婆提兩位阿拉漢傳授眾人內觀法。當須那伽及鬱多羅兩位阿拉漢和他們的五個門徒來到緬甸，他們首先教導梵網經（Brahmajala Sutta）。

又傳說，佛陀住世時，蘇凡納布的統治者是辛哈拉加（Siharaja）。他建立了蘇達磨瓦提（Sudhammavati）首都，據稱即現在下緬甸的直通（Thaton）。

甚至還傳說，佛陀生前曾親臨上緬甸的蒲甘佈教。

巴利文佛經載中印度密提羅（Mithila）的伽梵婆提（Gavampati）向佛陀學法，證悟成阿拉漢後，在佛陀涅槃後第八年，到蘇凡納布（Suvannabhumi）向他前世的兄弟辛哈拉加與當地的居民傳法（Buddha-sāsana）。

傳說：釋迦國亡後，阿毗拉賈（Abhiraja）帶領族人東逃，經阿薩姆的迦摩縷波（Kamarupa），穿越緬甸邊界山區，到達親敦江和伊洛瓦底江流域，與緬甸人融合。

從古巴利文獻得知，西印度劍浮沙（Kamboja）、犍陀羅（Gandhara）、蘇菲瓦（Sovira）、信德（Sindha）和紹拉斯徹（Saurashtra）國際貿易商，從印度西岸港口出海。主要港口有跋祿迦（Bharukaccha，今 Bhadoch）和蘇帕拉喀（Supparaka-Pattana，即現今的 Nalla-Sopara，靠近孟買），龐大的貿易船直航南緬甸。南印度商人，從建志補羅（Kanchipuram）和卡威力港（Kaveripattana）登船航行至南緬甸。拘薩羅（Kosala）、迦屍（Kasi）、摩羯陀（Magadha）和鴦伽（Anga）王國的許多城市，都是貿易中心，商人們，以牛車或小船將貨物轉運到東印度恆河口的多摩梨帝（Tamralipti，今加爾各答南部）港口，再以大船轉運到緬甸或更遠的地方。許多印度商人定居緬甸伊洛瓦底江（Irrawaddy）、錫當河（Sittang）、與薩爾溫江（Salween）河口的港口及城鎮。他們取了印度地名，沿用至今。

阿育王遣使到金地。緬甸據佛經進一步繪聲繪影說，「金地」統治者名斯里馬秀卡（Sirimasoka），遣使者教導梵網經（Brahmajala Sutta），指引凡夫僧（sammuti sangha）、學僧（sekkha sanghas）與無學僧（asekkha sanghas）內觀禪修真解脫之法，以及經律論三藏理論法教（pariyatti）。緬甸佛教發達，佛經第五次和第六次集結都能在緬甸完成。

中國雲南阿育王傳說更盛。清吳大勛《滇南聞見錄》

說：「大理塔基有數百處,皆阿育王所建舊址也。」其中佛圖寺塔:「源自無憂王（阿育王）遣使臣張羅造浮屠八萬四千。此其一焉。」唐代南詔三次對阿育王子封神。南詔末代君主全國訪求阿嵯耶事蹟,將阿嵯耶觀音樹立為「建國聖源」。南詔佛教王權上推「天竺佛國」。金馬碧雞土主神與阿育王子合而為一,自稱被「阿育王子金馬、碧雞二山景帝」。

南詔王閣邏鳳沒後,孫異牟尋（754－808）即位,遷都大理,大力提倡佛教。大理成佛教研究中心,與緬甸的蒲甘（Pagan）王朝聯繫頻繁,並聯繫印度,遂將大理改名為妙香國（Gandhara,犍陀羅）。

十一世紀中葉,緬甸北部阿奴律陀王（Anawratha）在蒲甘建立首都,時南緬甸辛（Dhammadassi）高僧遊方至蒲甘見阿奴律陀王,阿奴律陀王皈依佛教。

泰國丹隆（Damrongrachanuphap）親王考證《錫蘭島史》和《大史》所指「金地」在泰國西陲,當時為孟族人居地,領域包括今日緬甸東南地區,及泰國版圖的大部分。一錘定音,泰人認定「金地」國就在現在的佛統（Nakhon Pathom）。佛統塔附近,曾掘得古巴利語《緣起法偈》碑文:「諸法從緣起,如來說此因,彼法因緣盡,是大沙門說。」（Yedhammahetuppabhava, tesam Hetum tathagato, tesann ca yo nirodho, evam vadi mahasamano）

因此，泰國政府於 2006 年 9 月 28 日專斷地將新建曼谷新國際機場定名為「素萬那普」（Suvarnabhumi），即梵文「金地」的拼音。金三角就是金地，金地是撣族住區，包括緬甸撣邦、寮國和泰國。

第一章　馬幫

雲南回民

1252 年，蒙古兀良合台（Uriyangqatai）奉蒙哥汗（Möngke qaγan）命令，輔佐忽必烈領軍遠征大理，繞道側背攻宋。

蒙古軍包括來自撒馬爾罕（Samarkand，在古波斯）、布哈拉（Bokhara，在烏茲別克）、梅爾韋（Merve，在土耳其伊斯坦堡）、內沙布爾（Nishpur，在波斯）的中亞人，也有來自伏伏爾加河（Volga）下游的保加爾（Bulgar）人，更有阿蘭人（Alans）；他們是薩爾馬提亞（Sarmatian）部族，現稱奧塞梯人（Ossetians）。

1254 年，元軍征服大理，正式建立雲南行省。色目人賽典赤（Sayyid Ajall Shams al-Din）任平章政事，省會中慶路，即今昆明。

《元史》本傳載：「賽典赤瞻思丁一名烏馬兒，回回人，別菴伯爾之裔。其國言賽典赤，猶華言貴族也。太祖西征，瞻思丁率千騎以文豹白鶻迎降，命入宿衛，從征伐，以

賽典赤呼之而不名。」

賽典赤瞻思丁祖籍布哈拉，另一說是埃及開羅，先為蒙古軍駐巴格達總督。《大理縣志》載：「境內之有回教，其來久矣。元時，賽典赤瞻思丁以平章使雲南，至元十六年，其子納速剌丁遷大理路宣慰使都元帥，是為回教人至大理之始。今境內回教約一千餘家，凡姓沙與馬者，皆賽部子孫。」後文提到的姓馬的馬守義、馬俊國等都可能是賽典赤瞻思丁部隊成員的後人。

回民移入雲南，迄至十八世紀之初的五百餘年間，共經歷了三次移居雲南的高潮。

第一次大量入居雲南就是元憲宗三年（1253年）蒙古軍平大理，中亞各族人在各地征戰，或屯墾，或製造軍械，就地入籍。除此之外，一些回回上層人物，先後被委任為雲南地方官員，其隨員、家屬和後裔也相繼落籍。

第二次大量入居雲南是明洪武十四年（1381年），傅友德、沐英等明將率軍平定雲南，其30萬大軍中有不少是江南回人，戰事結束之後全部落籍各地，以屯墾方式定居。明王朝三次征伐麓川（德宏），其軍中又有不少江南、陝西回兵隨之落籍。

第三次大量入居雲南在明末清初，清兵入關後，南明桂王政府退入雲南，其部下有湖、廣等地回人隨之轉戰，後多

在滇西騰衝、保山一帶落籍。清初，清王朝對滇東北少數民族地區推行改土歸流，頻繁用兵，許多河北、山東和四川籍的回兵又隨其回族將領入滇駐防，最後在滇東北地區落籍。此後，回族村落集中出現在昭通、會澤、開遠、大理、昆明、乃至劍川、保山等地。

元代回人主要來自西域的軍士、工匠、官吏；明代從江南遷來大量回民，入滇後實行屯田；由於回族中能工巧匠較多，有經商和手工作坊傳統。回軍派駐雲南作戰和屯墾，世代過著「兵農合一」生活。他們多數人沒有眷屬，勢必與共同居住的漢、畏兀兒（維吾爾）、蒙古、白、彝等其他民族婚姻，子孫不斷增多，出現了回人聚落和街道。交通要道和大小城鎮，均有回人聚落分佈，農村自成村落，城鎮自成街道，散居於各民族之中。到了清代前期和中期，雲南已成為僅次於西北的全國第二大回族聚居區。雲南回民均屬遜尼派，內部雖有分支，但僅是細節上的差異，不存在教派之爭。

漢族大量移民雲南是在回族之後。雲南先是傣族及其他少數民族的原住區，然後是回族居地，漢族最後移來，漢族和漢化少數族裔居最大多數，漢語逐漸成為回族和漢化族裔的共同語言。

元朝勢衰，印度為來自阿富汗的蒙兀兒征服，蒙兀兒

自稱為蒙古成吉思汗之後，但已成回教徒，其勢力及於孟加拉，與雲南相隔緬甸，近在咫尺，一部分進入緬甸。

杜文秀，回族，雲南永昌府保山縣（今屬保山市）金雞村人，幼時入鄉學讀書，同時在清真寺學經。道光二十三年（1843年），中秀才。他家世從事滇緬貿易。1846年永昌地主殘殺回民，他代表回民赴北京向清政府控訴。1856年臨安惡霸侵佔回民礦權，焚劫回民村寨，雲南巡撫密令各地「聚團殺回」，激起回民反抗，杜文秀以清政府官吏貪污濫殺為由，於雲南蒙化（今巍山）一地號召回民反抗清朝。他攻陷大理等雲南50座城市，與佔據昆明的馬如龍遙遙相對；不久，建制平南，自任「總統兵馬大元帥」，與太平天國遙為呼應。1872年，清軍攻破大理，杜文秀命服毒身亡。

杜文秀在位18年間，大理帥府曾設立馬幫商隊，委托騰衝回漢族商號和定居緬甸的回族僑胞開展國際貿易。緬甸回人與雲南回人之間的經濟交往達到空前繁榮。他又獎勵與東南亞通商政策，增加財源，回族商人入緬等貿易的更多。

據考證，劉道衡曾設計說服英法兩國在北京出兵。杜文秀從南方夾擊，勝後奉英法為宗主。

劉道衡自稱是杜文秀義子，出使英國，攜帶《上英皇表》，中稱：「中華總統兵馬大元帥，臣杜文秀，謹表呈大英國皇上陛下，俯請聖安，伏乞鑒納事……臣等深慕大德，

遠獻愚忠；如蒙俯納，遣發飛龍之師，願效前驅，成逐鹿之志。」劉道衡阿拉伯名字為哈桑親王，副使為優素福親王，翻譯為伊布拉木汗，杜文秀為蘇丹蘇里曼。

劉道衡從英國回到仰光時，大理國已亡，有家難回，留在仰光。1857年，印度兵叛亂失敗後，英印政府將蒙兀兒王朝末代帝王巴哈杜沙及其家屬被幽禁在仰光。1866年，巴哈杜沙去世。1871年，巴哈杜沙12歲的孫女洛努克按照習俗應該婚配，最後找到劉道衡。但劉對英國政府說，他沒錢養活洛努克，必須給他一筆固定生活費，他才答應。英國政府遂給劉道衡每月200盧比、洛努克每月250盧比，並為他們興建住宅。他成了印度皇孫駙馬爺。

杜文秀回亂之後，回族的土地、房產等被當作「逆產」充公，許多人被迫從事小商販、清真飲食、牛羊皮革、趕馬幫等行業。劫後餘生者，翻山越嶺，有些當土匪，被捕後，會被送回清政府處死；有的逃到緬甸東北部的撣邦所屬佤邦定居。

1885年，英國已統治下緬甸半個世紀，進軍上緬甸，滅亡緬甸王國。此後5年，仍有不少抗英武裝和土匪活躍於緬甸北部和東部。英國人於1887年開始清剿，他們逃入撣邦山區或越境至泰國、寮國等國定居，以其傳統行業等立足。

杜文秀另一將領馬靈驥，騰衝城南人，人稱馬二將軍。

其先祖名馬哈穆，明朝洪武時鎮守騰越。杜文秀起義後，靈驥率眾加入定西將軍柳映蒼（字鐵三）的回民義軍中，鎮守騰衝。同治十一年（1872年）冬，大理城失守。騰衝回民義軍在柳映蒼的帶領下堅守騰衝烏索等地，終因敵眾我寡，於同治十三年六月失敗。柳映蒼犧牲，馬靈驥率殘部突圍成功，從孟定姚關以南渡過南汀河，進入緬甸果敢，先在戴家寨避難，後又逃到帕巒（帕冷）佤族土司屬地南潘。南潘是一大片原始的「色木林」，佤語意思為「鬼神之地」。經他與該地區佤族土司下屬帕巒波郎商議，同意回民義軍留居，但須每年給帕巒波郎繳納緬幣100盧比的貢賦，帕巒波郎封馬靈驥將軍為經猛（Ngwekunhmus），管轄15個村寨，管轄方圓70餘里地域。

雲州、順寧、緬寧、鎮康等地回族難民聞說有落腳地，紛紛來歸，搬攏住在一塊，時間一長，就稱這塊地方為「搬攏」地名，以後覺得搬攏二字不雅，又把字面改為班弄（Panglong）。

跟隨馬靈驥逃到班弄的義軍首領還有馬閣新將軍、靈驥內弟丁盈安、胞弟三大人、教長馬有仙等。靈驥於清光緒七年（1881年）病逝，由三大人接任經猛。三大人不久亦病逝，由靈驥內弟丁盈安代位，丁盈安後由靈驥丁氏夫人的妹夫馬國興繼位，國興因接待了一位英國傳教士而被班況的佤

族土司殺害，該佤族土司最後命靈驥幼子馬美廷繼位，並擢升美廷為「招幸」（可能是 Saopha 的音譯，義即土司）。

1891 年到過班弄的英國探險家戴利（Hugh Daly）描述，班弄是一個四周由低矮陡峭的群山和絕壁環繞著的盆地，海拔約 4,600 英尺，方圓有十餘平方公里，完全與世隔絕，當時已有 300－400 戶人家，人口近 2,000 人。1893 年，英國人史考特爵士（J. G. Scott）訪問班弄，其人口已經發展到 300－600 戶左右，描述如下：

「該地處於海拔 4,600 英尺的高山谷地，四周險峻小山環繞，山線犬牙交錯。戶數持續增加，迄未統計，估計出入很大。但是確實超過三百戶。建築先有木條支架，再糊以泥醬，有些還混石灰，房頂則為草頂。有些房屋有圍牆圍起的桃李果園。村子有馬匹飲水的水潭。但是那水不能飲用，好水供應不理想。水由西山小溝引來。許多山坡都是原始林，但有些地方開闢種植鴉片。班弄出入道路只有兩個隘口。南北入口新造門樓，上蓋草頂，樓上留有小窗。」

1918 年，佤族土司將女兒嫁給馬美廷續弦，由此鞏固了班弄與佤族土司家族的關係。佤族土司後來用人不當，班弄與佤邦之間的關係逐漸惡化。1926 年位於拱別和帕蠻的佤族與傣族上層密謀出兵襲擊班弄，被班弄軍擊敗，馬美廷驅逐了拱別王子，取而代之，當拱別土司，並佔領整個班況地

區。馬美廷重振馬幫商業貿易，經濟和軍事實力逐漸壯大，成為了整個班況地區各部落霸主，班弄從原來的一個無名小村發展成了整個佤邦最繁榮的集鎮，人口發展到了 600 餘戶，3,000 餘人，於 1898 年建立了清真寺。19 世紀末英國當局編制的地名誌列入班弄。

1931 年，另一名英國人哈威（G. E. Harvey）訪問班弄後提到班弄一帶回民人口已增加到 5,000 人（包括新兵）。他們擁有 130 支毛瑟步槍，1,500 匹騾馬，財政上由新加坡華人支持，以英擔為單位出口鴉片到法英兩國的殖民地，每個煙馱由兩名士兵護送。

班弄主區之外，還有兩個較小的回村，盤腰（Panyao）和帕昌（Pachang），一在其南，另一在其東，大約 12 英里之遙，約 80 戶。班弄的地形易守難攻，四周居民多為佤族和「山頭人」（克欽族，Kachin）。

1943 年，日本佔領緬甸，進抵佤邦時遭到了班弄馬美廷父子率領的回、漢、佤各族聯軍抵抗。班弄的極度繁榮發展引起了周圍各族土司頭人的嫉妒。1946 年 7 月，班弄遭到了雲南鎮康漢族土匪和當地佤族、山頭人聯合武裝突然襲擊，被摧毀大半。馬美廷父子突出重圍，輾轉回到中國保山，其他回人逃向緬甸各地和泰國北部。

1950 年，李彌反攻雲南，據李國輝回憶錄，他的部隊還

經過班弄，遇到華人回族土司。

楊麗（Jackie Yang Li）英文「楊家」（The House of Yang）也提到那裡的回族華人土司。該地現仍有回族在此居住。

回人以班弄為中心，分別向南北延伸，向北到達中國保山，向南連接了泰國的夜豐頌，運輸貨物以鴉片和武器為主。

東枝成為了撣邦行政中心之後，回民繼續把班弄選作重要的中轉站，馬幫在索布科（Sobuketo）渡過薩爾溫江，把臘戌（Lashio）購買的棉花和棉製品，經班弄運往中國。

從 1945 年到 1949 年，當陽（Tanyang）和臘戌作為貿易的中轉地聚集了大量的旅緬華裔回族，當陽在 1959 年建立了清真寺，部分回族商人開始流入貿易道路的緬甸一側。大量的擅長於英語和緬語的旅緬回族聚集到了作為北撣邦行政地的臘戌，大多數則落腳在當陽。1949 年，更多的回族流入當陽，當時人數到了幾千人。1965 年由於緬甸政局動盪，開始出現了從當陽經由臘戌移居到眉謬（Maymyo）的移居者，他們於 1985 年在眉謬建立了雲南人清真寺。主要城市的回族人口，當陽 1997 年人口是 1,200~1,500 人，東枝 1996 年是 1,500~2,000 人。

英國佔領時期，緬甸的景棟也出現了回族聚居區。景棟的清真寺是由馬宗培於 1920 年建立的，他是定居景棟最早雲南回族人。由此可知，雲南回族在景棟出現的時間是在 1910

年左右。定居景棟的雲南回族，1996 年到現在有 140~150 家，人口超過 1,000 人。在這條商路上的大其力，也有雲南回族定居。他們於 1970 年代建立了一座清真寺。

1950 年景棟華僑多為馬幫，他們都持有槍支，為行商所需。馬幫支援李彌軍，緬甸軍來攻，為斷李彌軍支援，大肆逮捕馬幫。馬幫頭領馬鼎臣代表李國輝與緬軍談判，結果被關，同時馬幫千人被抓，久而不釋。

16 世紀末到清邁的英國商人已有提及雲南和清邁之間的貿易道路，並說經由景棟到泰國清邁的雲南商人多是回族馬幫。回族馬幫常走的路線有十餘條，有些路線非常艱險。如由通海至緬甸、泰國線，路上氣候炎熱，瘟疫流行，人畜都易染病，途中因染瘟疫而喪生，比比皆是。由思茅出去，有一段路荒無人煙，還得露宿，餐風沐雨。路上長滿草木，由路熟的人做先頭，用大刀劈荊斬棘，開出路來。遇到沼澤泥潭，騾馬過不去，還要割草砍木去鋪墊。過河時，有些河道有蠍子，人馬在水裡走過時，浮出叮咬。有時聽到虎嘯，得迅速停下，下了馱子，就地打樁把騾馬拴好，以防驚跑。再用樹枝把騾馬圍成圈，在圈外燒起火堆。趕馬人則荷槍實彈防守。還有，自峨山至思茅間，路上土匪多，必須自帶武器保護，以防搶劫。

一般到遠地邊疆一帶，都要數幫或數十幫結隊而行，

除帶良好武器外，還設有人專敲鋜鑼，以此聯絡馬群統一行動，還有專門旗號作標誌。

馬鍋頭是馬幫首領。因為這個首領率的馬頭上有一面鏡子，這面鏡子可以把前方的危險照射出來，首領後面背著一口鍋，負責整個馬幫的生活。因此叫做馬鍋頭。他既是經營者、趕馬人的雇主，又大多是運輸活動的直接參與者。

屬下的趕馬人叫馬腳子。他們大多出生貧寒，為生計所迫才走上趕馬的路。

馬腳子必須聽從馬鍋頭的指揮，後者是馬幫隊伍的核心，負責各種採買、開銷，甚至在野外開梢吃飯時，也要由馬鍋頭掌勺分飯分菜。而找柴、做飯、搭帳篷、洗碗，則是由趕馬人輪流。趕馬人雖是馬鍋頭雇用，但馬鍋頭和馬腳子之間並不單純是雇主與雇工的關係。馬鍋頭，尤其是一些小馬幫的鍋頭，大多是自己參加趕馬幫的勞動者，與眾多趕馬人同吃一鍋飯。有的趕馬人經過一段時間的努力，也會擁有屬於自己的一兩匹騾馬，上路時將自己的騾馬加入馬幫，賺取自己的一份運費；如果再有些本錢，更可以備上一些貨物馱上，自己也就有了一份利潤。這樣發展下去，一些馬腳子就成了小馬鍋頭或小老板。

馱馬最大載重約 80 公斤至 100 公斤，一般在 50 至 60 公斤左右，每日行程最多 40 公里，一般在 30 公里左右。馬幫

有嚴格的組織和規矩，無論是大小資本合資或獨自經營，都要在大老闆和馬鍋頭的統一領導下行動。行路和食宿訂有規矩。早上晨禮後起程，走到中午響禮時休息，禮完拜後起步，到傍晚時，馬幫休息用餐，禮拜實行簡禮、響禮和哺禮並禮。馬幫組織有獸醫、馬夫、修理、釘掌等。

領頭的騾馬叫頭騾，在脖頸上掛有大鈴，二騾掛有串鈴，頭二騾的頭部都有籠頭套口，披掛彩帶。大隊馬幫在鈸鑼聲、鈴聲和趕馬人的吆喝聲中行進。

回人社區的形成一方面是一些滇籍穆斯林從雲南帶妻室到達東南亞的，另一方面與北部泰族婦女通婚後將其後代培養成了穆斯林。雲南回人男子與南亞穆斯林婦女教內通婚，也是一種司空見慣的現象。回人一夫多妻，很多在中國有妻子，各處再娶當地人為妻。馬守義就是如此。他在馬幫沿途都有妻室。

雲南通過馬幫開始的輸出品主要為鐵、銅、錫製品，例如：有鍋、斧、鼎、牛馬的鈴鐺、漁具以及生活用品。隨之而來的出現了鴉片。為了對抗英屬印度輸入的高價鴉片，雲南當地開始種植罌粟。進入 20 世紀之後，雲南鴉片與白銀同為貨幣。班弄遂成為馬幫鴉片貿易中心。

坤沙從佤邦，羅星漢從果敢經佤邦運輸鴉片至泰緬邊境不過是循馬幫舊業。倒是楊金秀用軍車運鴉片，走通衢大道

是馬幫的運輸現代模式。

馬守義

雲南騰衝是最西端進入緬甸的橋頭堡，自古以來與緬甸交往的重鎮。明末清初時，騰衝縣五鄉共有回族 4,000 餘戶，建有清真寺 6 座；清朝咸豐初年時，城內回族發展到近 1,000 戶，以朱、明、馬、白、沙、李、柳、鐵、趙、戚各姓氏為主，回族工商業十分繁榮，騰衝城內凡一切鋪面、店子，回教要占十分之七；商場各項，盡屬回民。

光緒二十三年，根據清朝與緬甸英國殖民當局簽署的《中緬條約附款》第十三條的規定，英國選定騰越為通商口岸，並於光緒二十八年四月初一日正式開關設埠，方便了騰衝和滇西回族馬幫商號的入緬貿易。

李彌故鄉為騰衝，李亦為回人之姓。李彌即使祖先非回人，他必然也熟悉回人馬幫進入金三角買賣鴉片的行當。

1950 年，李彌轄下第八軍第 237 師第 709 團團長李國輝帶領 1,400 人到緬甸景棟邦的大其力（Tachilek）附近。

李國輝部隊何以那樣不費吹灰之力就撤入緬境，因他部隊有原 93 師的人。這部隊就是羅庚率領的 26 軍 93 師 279 團。93 師在第二次世界大戰期間，曾沿馬幫道到過景棟，他們是熟門熟路。羅庚先到，李國輝一週後追隨而至。

19世紀末，回族首先在泰國清邁形成了聚居區。清邁的清真寺建立時間雖然記載的是1917年，但在1907年左右，旅居清邁的雲南回民已在家裡建有禮拜堂。

19世紀末期，大其力一河之隔的泰國最北城市美塞（Mae Sai）也建立了雲南清真寺，可見該城回人之眾。1950年7月7日至20日，李國輝部隊與緬軍大戰，回民華僑在隔河山丘鼓譟喝彩，李國輝將傷兵送過河來請他們送往美國基督教教會辦的請萊越溪醫院（Overbrook Hospital）醫治，因李國輝和基督教都是反共的。

當初國民黨軍南撤最大的一批是撤至越南的部隊，由黃杰領導。雲南反共救國軍進攻雲南前，蔣介石和陳誠可能想到調已被關在越南富國島的國民黨軍到緬甸主其事，黃杰官階也比李彌高，那麼進攻雲南的主角就會是黃杰而非李彌了。法國已決定自越南撤退，英國有香港問題握在北京手裡，不願得罪中共太多，堅決反對。李彌也極力利用他在海外的雲南人關係，又主動找美國中情局關係，造成既成事實，要陳誠追認。陳誠雖然心理不願，也無可奈何。蔣介石最終同意的根據可能是看到雲南回人在緬甸的盤根錯節，非李彌這位雲南出身的將領無法駕馭；而且大陸敗退，如同雪崩，未見敵人蹤影，逃命要緊，自亂陣腳，逃入越南，即使甘受監禁，也在所不惜，敗兵降將，難以再用。只有李國輝

一團,一路打到緬甸,至死不屈,李彌將死棋將活棋用。

馬幫對李國輝出力最大。馬窩頭馬守義,因共產黨已征服雲南,他失去一大塊生意腹地,李國輝勢力雖小,寄托了他重回大陸的希望。何況李國輝有現成武力,有現代部隊為後盾,可保橫行金三角無虞。因此,他全力押注於李國輝。李國輝撤軍猛撒(Mong Hsat),可能就是聽了他的意見,因猛撒靠近他的馬幫總部和入泰前鴉片倉庫的猛漢(Mong Hang),馬守義有一房妻小長住那裡。猛漢離泰國邊境只有一日之遙,方便從泰國取得武器和其他補給。果然,李彌取得美國中情局援助之後,大張旗鼓,反攻雲南,馬守義被封為騾馬大隊長,武器從琉球空運至泰國清邁,由泰國警察總監乃炮(Phao Siyannon)親自押送到泰國邊界,然後由他的馬幫運至猛撒或雲南邊境,成了李彌雲南反共救國軍的最高運輸官。去程為李彌運武器糧草,回程運鴉片,風光好幾年。他雖到處有妻子兒女,在泰國清邁的兒子還托其餘蔭,生意興隆。

李彌1950年4月兵分兩路反共雲南,一部向西雙版納進軍,另一部從猛撒經佤邦至臨滄,都是明清以來的馬幫道。

1961年柳元麟的雲南反共志願軍撤台,授命秘密留駐泰緬邊境的部隊是李文煥的三軍和段希文的五軍。兩軍成員都是雲南人,金三角的鴉片生意駕輕就熟。尤其李文煥在參加

李彌部隊之前雖是雲南省鎮康縣自衛隊長，實際是靠馬幫生意為生，範圍限於邊區一帶。離開柳元麟後，縱橫金三角，獨霸鴉片生產和運輸，是坤沙和羅星漢之前的鴉片軍閥。

潘泰

潘泰（Panthay或Panthai）則是定居緬甸的華裔回族。

玉爾（Yule）《緬甸史》認為，緬人稱雲南回人為潘泰，稱緬甸本土的穆斯林為「帕西」（Pathi）。雲南西雙版納傣族亦稱回族為「帕西」，意思是「不吃豬肉者」；撣語同稱，來源相同，它最先指公元13世紀皈依伊斯蘭教統治阿拉干（Arakan）地區的印緬君王，又指早期波斯和南亞次大陸東來緬甸經商的穆斯林，也指14世紀來自雲南進犯阿薩姆的蒙古軍隊中的「回回」，以及進入緬甸各地經商的雲南回族商人，最後演變成為了對居緬所有雲南回族商人後裔。

台灣政治大學林長寬據20世紀90年代初的系統考證，潘泰（Panthay）或潘希（Pansee）一詞，最初是緬人和英國殖民官員對清末反清起義的雲南回族的稱呼，後來才逐漸演變為對居緬雲南回人的通稱。英國學者福特（Francis Joseph Ford）對英國的外交歷史檔案的檢索，潘泰（Panthay）或潘希（Pansee）一詞是由英國駐緬甸曼德勒的間諜威廉斯

（Clement Williams）在1863年5月30日的一封通信中首次使用，專指反清雲南回民。1868年英國間諜斯萊登（Edward B. Sladen）從緬甸入滇探險考察期間，也使用了該詞。1872年雲南回民反清起義失敗時，駐北京的英國公使韋德爵士（Sir Thomas Wade）在致英國外交部的一封信中曾使用該詞，但他認為是緬人對外來人的反義詞本地人的稱謂，專指清末反清起義的雲南回族。

英國探險家庫柏（T. T. Cooper）認為潘泰或帕西一詞來源於雲南回民起義期間起義軍所用的漢語白旗（即雲南回民反清起義軍自稱的白旗軍）一詞，未免牽強。緬甸仰光大學歷史學家盧斯（Gordon H. Luce）考證，潘泰在緬文中最早出現在1442年立於緬甸實皆縣的「浮屠佩永塔碑銘」（Htupayon），先指1202年征服東孟加拉塞納斯（Senas）後皈依伊斯蘭教的阿拉干印緬君王，後來泛指14世紀來自雲南進攻東阿薩姆（Eastern Assam）的蒙古軍隊中的「回回」和今天僑居緬甸北部的雲南回人。

雲南西雙版納傣族自治州仍有兩個寨子居住著稱為「帕西傣」（傣語「不吃豬肉的傣族」）的回族群落。其族源是清末回民起義後逃難到傣族地區的回族，他們與傣族通婚，但保持回教信仰。

19世紀末僑居緬甸仰光的華裔學者杜生誥氏認為，緬

語「潘塞」來源於清朝對雲南回民起義者的蔑稱「叛賊」一詞。叛賊音近 Panthay，雲南話尤近。我贊同這個說法。

緬語中的 Panthay 一詞又衍生兩個新義，一是「商人」或「有錢大老闆」。因為早期前往緬甸的雲南回族多為馬幫商人，他們因善於經商，在緬甸的財富甲冠一方，在緬人心目中留下了深刻印象，緬人因而稱其為大老闆；二是指紅蘋果。因為早期到緬甸經商的雲南回族人很富有，身體強壯，膚色特別健康紅潤，故而緬人就用緬語中稱紅蘋果的潘泰一詞來專指雲南回人。

帕西與潘塞同義，後者更為通用。

霍

雲南省與撣邦邊境地區的佤語中，稱呼中國人的詞為 Hox／Hawx，發音為 /hɔʔ/，近似北京話的「霍」。泰國北部還稱 Cin-Ho、Chin-Ho。Cin 或 Chin 是 China 之略，指中國。

馬幫商人在這一帶商貿活動頻繁，移居時間早，人數多，泰語稱之為霍（Haw）。

19 世紀後，旅居東南亞地區的西方殖民官員、探險家和傳教士按泰語北部方言，已開始將 Cin-Ho、Chin-Ho 大量進入其日記、札記、信函和旅行報告。據統計，1949 年以前清

邁府縣城鄉共有 9 個 Chin-Haw 區，區內主要使用阿拉伯語和漢語。

英人福布斯（Andrew D. W. Forbes）於 1979 年至 1985 年間在泰國北部及 1976 至 1980 年間在緬甸做了大量田野調查，寫成《泰國的回教徒》提及 Chin Haw 或 Haw，中國學者將其一部分譯成中文《泰國北部的滇籍穆斯林——秦霍人》，中稱「泰國北部的雲南籍回民，絕大多數都是伊斯蘭化的中國回族，是近幾個世紀以來從中國西南邊省雲南遷去的。」可惜他沒有直接將 Haw 與回聯繫起來。回人無論在緬在泰，都自稱回，或回回；我認為 Ho、Haw、Hor 不是華的音譯，而是回音之訛。所以我主張 Cin-Ho、Chin-Ho 應正音為秦回，秦在泰語是華人或中國人之義。

19 世紀末葉以後，定居在泰國清邁的雲南回民人數日趨增多。有些是從雲南攜家眷同來，有些人則在同非回教華人或北部泰人女子結婚後，按照回族的習俗，其子女成為回民。另外，雲南回民男子與南亞穆斯林（主要是孟加拉人）女子之間的通婚也是很普遍的。隨著清邁的雲南回人社區的擴大，在當地也建立了一座主要為雲南籍回民林所使用的清真寺，並於 1917 年開放。

1930 年以前，泰國北部的雲南回民社區繁榮起來，並日趨擴大。除了繼續參與長途馬幫貿易以外，這些回族商人以

中心城市特別是清邁、清萊和南奔等為基地，還滲透到各個零售行業，如出售水果、蔬菜、布匹及副食，經營餐館和茶葉店等等，並開始經營玉器。由於他們的這些服務業，清邁以及泰國北部其他主要都市的雲南回族，成為那些往返的馬幫商隊與平地泰人之間仲介，其中有些變得極為富有。例如回族商人崇·林，除了自己的貿易業務以外，他還與泰國地方政府簽訂過一項合同，通過他的馱隊向清邁府一些邊遠地區分送牛奶。進而在1920年代，他還得到了供應修建南邦—清邁鐵路所需建築材料的專賣權。後來，當鐵路修建到清邁時，他還捐出大約100萊土地（1萊＝2.4畝）用於修建鐵路。鑒於他長期為政府服務以及他對公益事業的貢獻，泰國王授予他「坤」的爵位封號，並賜給他一個泰姓：翁略加。坤崇·林·翁略加（此後他便以此名而廣為人知）一直是清邁的一位富商和頭面人物，直到1964年他93歲高齡時死於去麥加朝聖途中。

泰國清邁、清萊、南奔這類大城市與大集鎮建立了城鎮雲南人的社區，在泰國北部的一些小鎮及村子裡也有許多鄉下雲南人在那裡生活。在大多數情況下，一個村子中只有一、二戶雲南人居民，他們在那裡最初是作為小店鋪掌櫃或行商來滿足當地泰人或山地民族的生活所需。至遲從19世紀後期開始，雲南人店鋪掌櫃和商販們便在泰國北部鄉下活躍

起來，他們中大部分是回民，是回族長途馬幫貿易的延續，他們仍從事著相同行業，販運路程縮短而已。馬幫商隊繼續穿過泰緬邊界，將玉石、寶石、茶葉等運往泰國，並將日用品和藥品等運到緬甸。他們最初活躍在沿緬甸與寮國邊境的山寨裡，特別是在清邁、清萊、難府及夜豐頌等府，他們同樣也活躍在並不直接與緬甸或寮國接壤的一些山區，如清邁府北部的帕勞，偶爾甚至向南到達達府，並有人在那裡定居。這些原有華裔回教徒居住的村莊，1949年後，就成為華裔難民集聚之地，人數多了就成為華裔難民村。

泰國北部華裔回民有一部分在山區從事著農耕生活，比如清邁府東北部泰、緬邊境上的芳縣，以及清萊府境內湄公河北岸，就有一些雲南籍華人（包括回民）的小定居點，這些雲南籍回教徒在當地種植旱稻。據通海納家營不完全統計，居緬、泰同胞48戶，其中泰國36戶，從事職業做生意、開飯館、食品加工業18戶，農業種植果園種茶葉、養牛17戶，在清真寺當阿訇1戶。

1950年以後，李彌反共救國軍撤台兩次，仍遺留大批在泰北，其中最著者為段希文五軍所駐美斯樂、李文煥的唐窩、坤沙的滿星疊、大谷地、滿堂、萬養、帕當、米額、米索50至60個孤軍據點和難民村的居民，不管是純血華裔或孤軍與泰國少數民族結婚生下的混血，也不管是不是回民，

因他們說中國話,現在已出現第三代或第四代人。

德佑

緬甸現有華人約 250 萬,佔緬甸總人口 8% 左右。

下緬華人分閩南人(eingyi shay 或 let shay,意為「長衫」),來自漳州和泉州福建南部地區,大部分都是貿易商;廣府人(eingyi to 或 let to,意為「短衫」),來自廣州、肇慶二府的廣東人,大部分移民是工匠;客家人(zaka,意為「中長衫」),內分來自福建的客家人 eingyi shay haka,和來自廣東的客家人 eingyi to haka。

緬甸華人總稱「德佑」(Tayoke 或 Tarut),德佑不單指漢人,連漢化佤族、德昂、克欽都包括在內。

「德佑」可能源於中文的「韃虜」,緬文意為「奸人」。另一方面,華人信仰佛教,緬語暱稱之「胞波」(pauk hpaw,意為兄弟)

19 世紀英國殖民緬甸時期。英國鼓勵印度人和中國人移民緬甸,華人經由英屬馬來亞來到緬甸。華人大多來自專業工匠和商人階層而非體力工人。

英領時期,中國男人和緬甸女人結婚非常普遍,高等法院根據緬甸佛教法律對中緬婚姻的法律地位提供證明。從

1935年到英國結束統治，華人在殖民政府立法機構——眾議院中還有議員代表。

1982年《公民法》規定緬甸華人的緬甸公民身份，分為為三類：普通公民，准公民和歸化公民。不持有外僑證的華人，甚至連受過醫療、工程、農業和經濟等高等教育者也在禁止之列。一般而言，緬甸因經濟衰退，歧視華人，許多華人移民國外。

1988年以後中國大陸開始改革開放，邊境放鬆管制，華人大批湧入上緬，緬甸軍政府束手無策。雲南，和少部分四川華人於1990年代進入上緬甸，定居在曼德勒。僅1990年代，估計約有25萬至30萬雲南人遷居曼德勒。曼德勒人口大幅上升，從1980年的50萬增加到2008年的100萬。

此外，18世紀時段伍隨緬甸國王征討暹羅，立有戰功，於1752年被封為大勐穩（Tarmoenye）土司，賜名「吞烏」（Tun Oo）。段氏家族世襲果敢附近貴概縣（Kwat Hkuing）下「大勐穩」土司，歷經210年，至1962年廢止。果敢華人自衛隊與緬軍衝突中，大勐穩人站在緬軍一邊，與果敢人為敵。2016年3月，大勐穩數萬華人加入緬籍，稱「勐穩帛瑪（白馬或Burma）民族」，與果敢族有別。

緬甸有幾個緬化漢人的名人。首先是1974年至1981年緬甸第四任總統奈溫（U Ne Win），他是緬華混血，父親是

廣東梅縣人。

1981 年至 1988 年緬甸第五任總統山友（U San Yu），他自己承認父親是客家人，母親是緬甸人，名 Daw Shwe Lai。

1988 年法律與秩序委員會政府（SLORC，1997 年底改為緬甸和平與發展委員會，SPDC）覺巴（Kyaw Ba）上將是雲南人。

2003 年緬甸總理欽紐（Khin Nyunt），祖籍廣東梅縣。

2007 年至 2011 年緬甸總理登盛（U Thein Sein），祖籍廣東。

1975 年至 1989 年緬共主席德欽巴登頂（Thakin Ba Thein Tin）。父親是華裔小商販，母親是緬甸人。

潤民

中國近百年來經濟不振，政治混亂，民不聊生，外移不斷。富裕者移往經濟發達國家，底層人民最方便途徑是徒步越過邊界，進入緬甸，然後想辦法通過泰國，轉往他國。文革期間，中國密封國境，仍然有大批潤民游水到香港或徒步至緬甸。

我在台北認識這麼一位知青曾焰，她原是四川人，下放雲南，逃入緬甸，幸運的是她轉輾到泰緬邊境段希文五軍

美斯樂興華中學當教員，然後轉到到坤沙滿星疊大同中學，最後通過台灣難民救助團來台灣就學就業，成了名作家。另一位是我在坤沙賀蒙總部認識當聯絡官的楊恩才。他是雲南人，於 1960 至 1962 逃出。他先在緬甸教書，後來因緬甸把所有的中文學校關閉，無法立足。他當時在緬甸已經用錢買到合法身分。剛好台灣情報局的大陸工作處發展業務，他就參加了工作處。以後，他在泰國滿星疊的大同中學當教員。後主理賀蒙最高學府宏邦高職的經常事務。坤沙投降緬甸後，我到清邁又見到他，他與陳啟祐一起來見我。此外，我還在賀蒙的中學見到兩位大陸知青逃出來的中文教員。

後來，我隨曾在那裡當過校長覃怡輝參訪清萊省美賽縣滿堂自治村內建華綜合高中，空氣清新，富異國風情，不忍離去，就要求在學校教師宿舍過夜。晚上與一台灣來的年輕借用教師聊天。台灣中學老師過剩，有教學經驗者，優先採用。泰北低薪，他們也來，求取資歷，方便回台正式就業。他的意外收穫是在此地愛上持臨時難民證來泰國做麵攤生意的緬甸華裔少女，我到那麵攤吃宵夜，見少女年輕貌美。少女一個月過境往返緬甸一次。將來準備與那位台灣青年結婚移居台灣。

緬甸北部的四個自治特區，即：克欽第一自治特區、撣邦第一自治特區（果敢）、撣邦第二自治特區（佤邦）和撣

邦第四特區（小勐拉）。四個特區只是在緬甸北部，政治、經濟、軍事、民生，甚至文化都不屬緬甸政府管轄，通用語言是漢語。緬甸曾給果敢和克欽兩個特區的人發放緬甸身份證，其他兩個特區的人連身份證都沒有，等於無國籍。四個特區經濟完全依賴雲南，用的是中國的電力，中國的電信，中國的移動通信，中國的互聯網，中國的銀行，甚至中小學課本用的都是雲南教材。

它們號稱「緬北小中國」，居民大多數從中國來的潤民。

值得特別一提的是第四特區。林明賢曾是廣州紅衛兵造反派頭目。於1968年加入緬共，他帶領的部隊幾乎全是中國下鄉的紅衛兵，作戰勇敢，他也逐步升任為緬共815軍區司令，有「小林彪」綽號。在他領導下，緬甸政府於1989年6月30日批准成立「緬甸撣邦東部第四特區」，形同獨立王國，由他出任軍事委員會主席，中華潤民可以自由進出。林明賢死後，主席職位由他的兒子具有中國籍身分的林道德繼承。第四特區人口11萬人，除少數原住的拉祜、苗、阿卡、佤、克欽、緬族、克倫、克耶等外，大多數是中華「潤」民和下鄉知青後代。

緬北各區都廣設詐騙園區，生意興隆。最近苗瓦迪詐騙園區被傳得沸沸揚揚。

據報導，光是被騙入緬甸詐騙園區的豬仔就有30萬人。

管理園區的幹部應該也有數萬。

現在中國大陸，在習近平虐政下「潤」風更變本加厲，美加澳及歐洲國家都收緊華裔移民政策，可行之道是潤入緬甸、寮國、柬埔寨等對中友好國家。無技能者種鴉片、煉冰毒，製芬太尼和當兵；有知識者入股管理詐騙園區，出路顯然比躺平在中國大陸光明。

第二章　果敢

楊家

　　果敢地處緬北薩爾溫江東岸與雲南鎮康和永德二縣為鄰，百分之九十五以上人的血統是中國的漢族，緬甸把它列為少數民族——果敢族。

　　果敢地名是來自撣語，「果」是九的意思，而「敢」是家戶的意思。那地方可能最初是只住了九戶，果敢語，戶是指大戶，即區，九區是：多牛（Tawnio）、營盤（Yang Tang）、班中（Pang Song）、班永（Pang Yang）、金念（Juin Nye 或 Ken Nge）、金洋（Ken Fan）、金碑（Ken Pwi）、慕泰（Maw Htai），以及在怒江西岸的猛汞（Mong Hawm）。

　　果敢屬於撣邦的興威（Hsenwi）邦。清朝雍正五年（1727年）置宣威州。興威應源自宣威。

　　英領緬甸時代，英國人勢力很少到薩爾溫江以東。他們透過薩爾溫江以西的興威土司間接統治果敢。1892年英國人一度將它歸還清廷，後來英國又借故收回。〈1897年北京條約〉，清廷才正式同意將果敢割讓給英國。

從可考的英國記錄看，木邦是跨薩爾溫江撣邦各邦中最大一邦，其領土包括興威和薩爾溫江以東的佤邦。

　　木邦過去分為五區，無權力中心，紊亂不堪。1738年在該領地的考薩披（Kawsampi，即勐卯）為緬甸併吞，分成數邦，由阿瓦（Ava）任命管轄。因戰亂不斷，人口大減。及1888年3月英治，分南北興威。英殖民官駐北興威的蠟戍。北興威沿襲中國木邦名稱。南興威一般稱勐崖（Mongyai）。從1778年至1888年，木邦共有16位土司。

　　土司，緬語為Sawbwagyi，英語Sawbwa係緬語的略寫；撣語為Chaopha或Chaofa，中文勉強可寫成昭發。正式中文寫作坐把，恐是緬語Sawbwagyi的音譯。

　　撣邦土司分三級，即坐把（Sawbwas）、茅扎（Myozas）和經勐（Ngwekunhmus）。

　　按照緬甸記錄，第二次世界大戰之前，果敢首長由緬語Heng（中文意義為衙門）治理，其地位比村子頭人（Kang）高。戰爭開始後，果敢首長變成茅扎，1951年升為坐把（Saofa）。

　　詔，撣語義為王，中國古時有六詔、南詔等，皆為王義。

　　各戶頭人官名，計有土目，經勐，守備，新爺，千總，百總，把總，屬官，大伙頭等名稱，其地位雖小有差別，但大致相等。

所有大小頭人全由土司委派,一律世襲。有些頭人已傳數代,只要不犯大錯,或無人告發,都是父死子繼,世代相傳。頭人因公殉職,或身死子幼者,可由妻子承乏。頭人是義務性質,無薪。但是有特權,如攤派,或白用他人牲畜,若有人上告,官官相護,其上司往往袒護頭人。百姓對頭人的胡作非為普遍逆來順受。

　　各戶新頭人更換或父死子繼時,例由土司公署發給委任狀,以示合法。受委任人備辦禮物,攜帶隨從,親到公署拜受,稱為「接禮」。返回時,戶內人民十里郊迎,鳴槍慶賀,新頭人大張宴席,以示顯耀。

　　緬甸土司制度維持至1959年。果敢土司比中國邊疆土司沿續15年,比撣邦土司多6年。

　　《明史》載,1658年3月,南明桂王永曆帝朱由榔,在張獻忠餘部李定國、白文選大西軍擁戴下對抗清兵。1658年10月,在孤臣護衛下,從南京一路逃亡到雲南,在昆明建立了滇都,並開始在五華山上建造王宮。

　　明永樂4年(1246)果敢歸入中國版圖,設孟民羈縻土府,隸雲南都司。其後為木邦所併,嘉靖間附於緬,不通中國。清時稱科干山,又稱馬力壩(麻栗壩)、爪縣、獨牛、老街。

　　《清史稿》載,順寧(雲南鳳慶縣)人楊國正(又名

楊六宮）流亡入緬，長久出入木邦一帶，光緒初年，貿易至此，乘回亂之後大批難民南移的混亂狀態，糾集群眾，取代陳姓土司。

楊國正不服清廷管轄，經常侵擾毗鄰的孟定和鎮康土司的土地。《雲南北界勘察記》收有兩件永昌府鄒馨蘭給楊國正的訓諭。

1886 年，英國吞併緬甸貢榜王朝，宣佈緬甸為大英帝國一部分。次年，英軍進軍，木邦降。1990 年進逼佤邦，順路進入木邦所屬的果敢。果敢歸英，中文全名是「大英緬甸木邦宣慰司果敢縣」，地方官改稱茅扎，掛英國旗。老百姓稱英國人為洋官。

二戰期間，緬甸爭取脫離大英帝國，加入軸心國陣營。果敢在英國的授意下，轉向與中國政府合作抗日，1943 年果敢土司楊文炳前往重慶會見蔣介石，向中國政府要求軍事援助，蔣指示兩個集團軍與果敢合作，一同抗日。但在兩個月後，中國軍隊卻奪去了楊文炳的統治權，並指派了楊文炳的弟弟楊文燦取代他的職位，直到戰爭結束，楊文炳才在英國政府的安排下，回到果敢。

二戰之後，果敢與鄰近的土司邦一同自英國獨立，果敢土司楊振材出席彬龍會議，簽訂彬龍協議，共同組成緬甸聯邦。果敢獲得大土司的地位，不再從屬於木邦。楊姓土司的

世襲統治權至 1959 年結束。

楊氏土司表

- 楊獻才，1739 年－1758 年。
- 楊維興，1758 年－1795 年。
- 楊有根，1795 年－1840 年。
- 楊國華，1840 年－1874 年。
- 楊國正，1874 年－1916 年攝政。
- 楊春榮，1916 年－1927 年。
- 楊文炳，1927 年－1943 年。
- 楊文燦，1943 年－1946 年攝政。
- 楊文炳，1946 年－1949 年
- 楊振材，1949 年－1959 年。

楊家家譜載，先世祖籍南京應天府上元縣柳樹灣大石板，明初隨西平侯沐英南征，落籍雲南順寧。始祖楊高學於明末隨桂王朱由榔輾轉入緬，桂王死，率眾逃隱於果敢火燒寨（科幹山老夯岩），是為楊氏一世祖。以後支派為高，才，維，有，國，春，文，振，家，邦。共 10 代。

楊高學生二子，長子廣才移居紅石頭河，次子福才另居於白沙溝，傳至福才孫有根，逐漸發達，得任陳姓茅扎治下

經勐。

楊高學放棄反滿立場，在順寧長住，以求家人安居樂業。1657年，他至大理，次年，娶順甯茶商女為妻；生二子，楊映和楊正。

1682年，楊映20歲時，娶楊書女兒為妻，經營茶葉致富。當時，順寧有許多腐敗官員和土匪，楊映發跡，引起某些人嫉妒，向滿清政府投訴，說楊映是明朝忠臣後裔。楊映感到危險迫在眉睫，為免舉家被捕入獄，攜長子楊富才，向東逃難；他的妻子則用背籮背著兩個年幼的兒子——獻才和高才，往西逃難。她輾轉到達科幹山中部老夯岩。這家人最後團聚，而楊映夫妻墳墓，還在火燒寨。直到1960年，楊家家族每年還去掃墳拜墓。楊映後來將家搬到紅石頭河後，家業逐漸發展壯大。他的二兒子楊獻才，也展現領導才能。當時，科幹山眾多部族之間你爭我奪，由於交通和資訊閉塞，誤解更加激關係緊張。

楊獻才所在的興達戶（大水塘地區），位於果敢中部，當時大伙頭（頭人）叫陳駙馬，是興達戶首領。陳駙馬不但無能、懦弱，遇事猶豫不決。陳頭人負責向木邦繳稅，內部事務，木邦從不過問。因本人沉湎菸酒，不理政事，到木邦衙門辦事，單程費時五日，繳稅都是委任助手大伙頭（後升經勐）楊有根代勞。楊有根任勞任怨，年深日久，頗得木邦

土司歡心，1795年（清嘉慶25年）木邦乃將楊有根子楊國華委任為果敢茅扎，也就是所謂的「麻栗壩官」，陳姓茅扎遂被取代。

1739年，怒江沿線土匪，侵犯附近村寨，楊獻才在關鍵時刻，奮起抵抗，化險為夷。此後，各村寨尊重他，推他為首。在他統轄下，興達戶漸趨和平穩定。他組織民眾，舉辦軍訓，讓他們得以自護。和平穩定之後，他又鼓勵與其他部族或村寨，與興達戶通商，或遷來興達戶，消除興達戶與周邊部族之間的隔閡。他還制定一些基本法律，向貧窮、老弱、疾病及喪失勞力的人，提供食物及其他生活用品。當土匪洗劫紅石頭河居民時，他派出他最小的弟弟楊高才去剿匪。當時興達戶的轄區，中心是岔河，東邊是紅石頭河，西邊是楂子樹，南邊有竹瓦寨，北邊是南郭。興達戶的穩定和強盛吸引了周邊許多部族，它們紛紛投靠，要求興達戶保護。楊獻才的智慧和公道，贏得了附近居民信任。他倡導的組織和行政管理法，變成以後歷任楊家世襲土司執政的規範。楊獻才將衙門遷到楂子樹。由於他的魄力和才能，楊家才得以持續維持領導權近250年而不墜。

楊獻才62歲去世，葬在老夯岩。1758年，楊維興接替父位，蕭規曹隨，贏得居民尊敬。他有弟四人：楊維仁、楊維信、楊維新和楊維林。每個人都賣力開拓管轄領土，此時

其轄區比其父親時代拓展了 10 倍。楊維興的領導下，攻城掠地，擴大政治影響。首先克欽族準備攻打楊德山，楊維興派駐在漁塘的親戚楊玉率兵去楊德山抵抗克欽入侵，打敗克欽族之後，楊玉就在楊德山長期駐留，擴大興達戶的影響力。隨後有 100 多克欽部隊攻打木古河，楊維信率部去抵抗，克欽失敗退走，楊維信就也木古河常駐，接著又派楊維仁去管理大水塘；派他的侄子去管理白沙溝和岔河。與此同時，班中和班永首領，也紛紛歸順，請求保護，他派小兒子楊有泮，到班中、班永駐扎。班中、班永兩地歸入興達戶統轄了。他組織很多民兵，令長子楊有根指揮，時時備戰，及時抵抗入侵。在楊維興掌權期間，興達戶併吞了放馬場、大山、南令壩、班中、班永、螃蟹河、酸格林、老街壩、漁塘、楊德山、忙牙、木古河和瓦窯，行政中心由楂子樹埡口遷到楂子樹大寨。

1759 年楊維興去逝，也葬於老夯岩，由當時 25 歲長子楊有根繼任。楊有根執政期間，啟用「果敢」為正式地名。他秘書建議，「科幹」山脈，由中國向南延伸。去「山」字，單留「果敢」二字，表示該地區為一個獨立治理的行政區，不完全屬中國管轄。

1840 年，楊國華因為捍衛中國邊防有功，中國將被木邦所侵蝕的鎮康州上、中、下六戶地，劃歸果敢縣，冊封楊國

華為世襲土司。

1897年《中（清）英續議緬甸條約》將果敢劃入英屬印度範圍，受木邦土司管轄。

果敢土司同時向中國以及木邦雙方進貢。楊家雖為中國承認為土司，在木邦仍為茅扎。

果敢政治清明，茅扎頗得人民愛戴。楊春榮當政時，藩鎮割據，各有管轄區，互不相屬，使楂子樹公署，成一國三公，人民無所適從。

楊春榮於1928年病死，傳位長子文炳，楊文炳的堂叔楊春錦和楊春沛互爭土司世襲權。他們因爭官位告到木邦衙門。木邦土司先收取賄賂，判令楊春錦接替。楊文炳不服，上訴仰光，最後由英國駐緬甸總督指定楊文炳承襲。

當時，土司行政、立法、司法和財政集於一身。土司公署所用印鑑有三種：對外正式公文或佈告，蓋銅質大印，上雕「世襲果敢縣印」，分上排，每排二字。用紅色印泥。其規定與中國歷代各縣印綬相同。果敢多數是漢人，來往公文多用漢文，用中國方印容易識別。平時各頭人發令，只用長五英寸寬一英寸的木質條章，上雕楷書「世襲果敢縣正堂楊」。

用紅色印泥蓋在最後的年月日處。1949年為了發給果敢人民身分證，另刻橡皮章，約三英寸見方，內刻「果敢行政

公署總務處」九字,直寫,分三排,每排三字,字體仿宋。中文外,還有英文。這是對緬甸政府官員而用,以藍色蓋印。這些印章一直用到1965年4月止。

果敢自衛隊

1942年以前,土司公署沒有警察和自衛隊。只徵調30人作為警衛及維持地方治安之用,稱紅包頭。他們學英法在上海殖民地租借內的警察紅頭阿三,頭纏大紅布包頭,身穿白黑色緊身衣褲,腰佩大銀刀一把,平時負責衙內安全。司官出巡,則為沿途和駐地警衛。外派傳達政令,紅包頭和銀刀代表官家,受當地頭人隆重招待。他們服役期間,可免一切捐派,另有月薪,服役年限不限,有時三年一換,忠實可靠者永遠不換。1938年後,紅包頭銀刀外,還有一隻英造大十字槍。大抵紅包頭退役後,多半委派為所住寨子的伙頭或其他公職,即使沒有公職,地位還是高人一等,普受尊敬。

1942年日軍入侵,楊文炳為抗擊日本,紅包頭改稱自衛隊,才有了正式的軍事訓練,教官為國民黨軍官,能夠吃苦耐勞,在山地自由行動。

戰後,果敢僅保留百人自衛隊守土自治,但自衛隊名稱一直延續下來,成為販毒部隊的專稱。

蔣介石

1942 年日本入侵緬甸，得翁山（Aung San，翁山蘇姬之父）等人協助，勢如破竹，佔領仰光。日軍因早已佔領泰國，泰族與撣族同宗，撣邦各土司皆與日軍合作，木邦撣族土司自不例外。

3 月 1 日，蔣介石派出了第五、六軍，由美國將軍史迪威（Joseph Warren Stilwell）指揮。國民黨第五軍軍長杜聿明率領第 200 師被派到東姑（即東籲）去解救盟軍中的英緬軍第一師。盟軍的計畫是在卑謬和東姑之間築起一條防守線。中國的 22 師駐守在彬馬那，為 200 師作後援。盟軍被打散，他們沒有料到日軍第 112 聯隊會突然在 1942 年 1 月 4 日，組成「沖支隊」越過泰緬邊境，從陸路開始佔領緬甸土瓦。而日本人的避開正面衝突，設立路障，迫使盟軍向北撤退。當時，49 師和 93 師的潰兵 2,000 人，經過果敢退回中國。他們的撤退，跟隨而來的是日機轟炸。日本人在不到兩個月內佔領了臘戌。臘戌淪陷後，滇緬公路被截斷。4 月 25 日，一位名叫斯坦勒・蕭特（Stanley W. Short）的傳教士在他的日記中這樣寫到：

「臘戌就像一座瘋狂的城市，日軍到達設置有路障的城

外,而且已經和中國軍隊展開戰鬥的消息,像野火一樣傳遍整個城市。每一個人唯一的目的就是在他們能力所及之下儘快地逃離。整個晚上,車隊像水一樣流出城外,走向滇緬公路。今天,當我們自己沿著這條世界聞名的公路行走時,我們看到這場瘋狂的混亂結局。」

同一天,在南方遠處的皎梅,史迪威將軍、亞歷山大將軍和杜聿明將軍正在計畫撤退。此時,撣邦土司們向日本人直接發出了效忠日本的誓言。不久日本人進入果敢。

木邦土司昭洪帕(Sao Yape Hpa)向楊文炳發出了不止10封信,叫楊文炳到興威去見日本人,並以性命攸關脅迫。楊文炳儘量拖延時間。他同意到滾弄(Ving Ngun)去參加會議。楊文炳的處境極為困難:

「在緬甸淪陷後不久,日本軍隊到達滾弄。日軍之來使我寢食難安,難於入眠,外面情況及內心苦況實非言語所能形容。北新威(興威)土司昭洪帕,已經寫信通知他屬下的頭人,消滅撤退的中國軍隊。這個命令,已被克欽族執行。他與敵人(日本人)已經站在一起。他多次寫信給我,叫我到新威(興威)去出席會議,但先後都被我拒絕了,他給我寫的信不止十次。最後,敵人派出軍隊到我在老街柞地林的家。」

當時謠傳雲南保山和昆明已經淪陷，重慶被逼似乎有意與日本和談。在他自己的文字中：

> 「我既沒有軍隊，也沒有武器，也沒有去見敵人的必要。我是一個英國政府所管轄下的漢人。如果我向敵人投降，不止我將喪失立場，也將使我祖宗蒙羞，千古罵名，對英國政府和我的中國朋友來說，是一種恥辱。……在這樣困難的環境之下，在沒有中國軍隊和其他部隊能夠召喚的情況下，我急著趕去滾弄。」

1942年6月4日，楊文炳與其他地方頭人，在滾弄參加日本人召開的會議。木邦土司的弟弟昭葉帕和其他木邦官員出席了會議。這個會議以後，在木邦繼續舉行其他會議，邀請果敢土司參加。楊文炳認為會議不懷好意。當天夜裡，他逃到長嶺崗，輾轉到雲南耿馬，聯絡頭人，調動部隊。中國的騎兵部隊駐在耿馬。楊文炳派出一個代表去同他們討論果敢的防務，並向他們講解果敢有薩爾溫江作為天然屏障的理由。兩個星期後，由陳同欽率領的中央代表要求楊文炳土司寫一封請願書給蔣介石，說明他願意加入中國陣營，抵抗日本。

二戰後

　　楊文炳到昆明，拜訪了英國駐昆明總領事，告訴他果敢還沒有被日本佔領，但有中國 66 軍的一個旅駐扎。他還告訴總領事，他來是向中國政府要求幫忙，並要求英國將果敢置於中國保護之下。

　　總領事告訴他：中國和英國都是盟國，防衛緬甸是共同的認識，要改變已經存在的政治安排卻非他職限。但 1942 年 8 月 20 日，當楊文炳向英國助理軍事參贊提出要求給予軍事援助時，英屬緬甸政府否決。並且說：果敢是在中國軍隊的作戰範圍內，分發武器是中國司令官的事情。

　　英屬緬甸政府準備給他 5 萬大洋。這筆錢，是日本入侵時，英國人向他租 320 匹騾子的應付運輸費。這筆錢換成中國貨幣還給楊文炳時，楊文炳拒收，因為中國貨幣在果敢不能通用。1942 年 9 月 12 日，中國遠征軍在大理司令官宋希濂通知土司，已收到蔣介石回信，承認果敢是英國屬地，楊文炳是英國官員，但中英是盟軍，中國願意為果敢的防衛給予幫助。宋希濂還說：6,000 日軍已進犯果敢，他們已經向中國鎮康挺進，中國已派出 39 師到前線，楊文炳要配合 39 師抵抗日軍。宋希濂建議，授予楊文炳榮譽上校軍銜而參加 39

師，楊文炳因此成了果敢自衛隊的司令官。果敢部隊的幹部由中國人擔任。

楊文炳自掏腰包購買武器彈藥，裝備軍隊。儘管日本已發佈任何人賣軍火給果敢將予處死的命令。楊文炳還是從撤退的中國和英國軍隊買到了 200 條步槍和一些衝鋒槍，以及 5 萬發子彈。大約 2,000 名中方的潰軍在他們返回雲南，途經果敢，果敢人民為他們提供了吃住所需。楊文炳最小的弟弟楊文雄及其他 8 人，留守在柞地林。五月末，日本人到達柞地林。

楊文炳決定抵抗日本人，途徑佤邦，逃到中國後，楊振材從山路返回柞地林，通知楊文雄楊文炳的決心。當楊振材的人到達柞地林時，他們發現楊文雄和日本人合作愉快，他發覺不妙，連夜逃到南郭。柞地林衙門留給一個聾啞人看管。日本人再來時，他們為了取得情報，將看守人嚴刑拷打，當得不到任何情報時，日本人將煤油倒在他身上，將他活活燒死。

楊文炳成為果敢自衛隊的司令官，歸中國遠征軍第 11 集團軍指揮。果敢部隊與遠征軍的第七十一騎兵團駐扎南傘、南里和老街。第一次滾弄戰鬥發生在 1942 年 8 月，果敢部隊在 50 名中國部隊的加強下，從小地林和忙卡攻打日軍在和尚廟的據點，打死打傷 80 名日本軍和撣族軍人，日本兵用機槍

和步槍反擊，打死五名中國軍人和一名果敢人。

這次戰鬥後，日本人重新組織 2,000 多軍隊向老街柞地林開來，即將到達忙卡時，遇到 200 名中國軍隊頑抗，打死日軍 100 餘人。日軍焚燒了通過的村寨，還燒了柞地林衙門，果敢軍隊配合第 9 師和第 39 師的部隊攻擊日軍多次，在滾弄、芒卡、大旺地、石房、大水塘等地作戰。大水塘戰役尤為激烈，一名日軍指揮官在大水塘為果敢自衛隊擊斃。大水塘雖然打退了日軍，但是 80 多位果敢人和中國軍人也長眠於此。這 80 多名抗日英雄的姓名現在還保留在大水塘街尾的「抗日英雄紀念碑」。該紀念碑於 1951 年為楊振材修建。通過這些戰鬥，果敢部隊將日本軍隊擋在怒江西岸，他們再也沒有跨越過滾弄。

日本投降，英人回朝，重新統治緬甸。因土司楊文炳因抗日有功，將其空運回果敢。1947 年英王喬治六世向楊文炳頒發了英帝國勳章，每月補助 3,000 盧比。

1948 年 1 月 4 日，緬甸獨立，承認果敢為緬甸聯邦領土，果敢人為緬北人數最少的一個少數民族。楊振材當選上議員、兼撣邦事務部財政部長；楊振聲為下議員兼地方長官，他們提出緬北華人應加入緬甸國籍，在議會獲得通過。但 1950 年頒發緬甸國民身分證時，果敢數 10 萬居民僅有 1 萬餘人願意領取。

但 1950 年頒發緬甸國民身分證時，果敢數十萬居民僅有 1 萬餘人願意領取。楊振材後來官至緬甸撣邦財政廳長。

國民黨軍

1949 年，國民黨軍第二十六軍九十三師 7,000 餘人敗退進入緬北果敢地區。出於同樣的反共立場，統治果敢地區的土司楊振材收留了這些人。

1950 年 1 月，國民黨在中國內戰中被共產黨擊潰。國民黨李彌領導的第八軍第二三七師第七零九團李國輝剩下 1,400 人，節節敗退到緬甸與泰國和寮國接壤的三角地帶，擊退了驅除他出境的緬甸地方部隊，站穩腳跟。李彌在台灣聽說這個消息，立即兼程由台灣經香港趕往曼谷，後來向美國中情局要了錢，並打通了國民黨內部關節，在離泰國不遠的緬甸境內的猛撒成立雲南反共救國軍總部，先派了邱開基、李則芬和李拂一等人，到緬北招兵買馬，所招很多是馬幫、土司衛隊和強盜。

反共救國軍幹部在果敢首先把鴉片從生產、輸送到銷售組織起來，效率化，成一條龍作業。

生產是先貸款給貧窮煙農，鼓勵多種，收成後以實物返債，運輸由現代化的救國軍綜其事。歷來金三角有護運鴉片

的武裝保鏢號稱馬幫。救國軍一來,馬幫都為救國軍吸收,掛救國軍番號,免費得美援武器,鴉片照運,何樂而不為,回程順便為總部捎帶補給,舉手之勞而已。鴉片運到泰國邊境,自有乃砲(Phao Sriyanond)的泰國警察接手出售,盈利用以養軍。不只果敢如此,國民黨所控制的撣邦其他地區也奉行此道,金三角鴉片也因國民黨軍介入而步入了第一個高峰期,鴉片年產量在50年代末已達700噸,佔世界非法鴉片年生產總量的50%。

國民黨1940、50年代果敢作的第二件大事是在當地開設了黃埔式的「果敢軍事學校」,網羅了青少年入校學習,有三個人日後成為名震世界的人物。他們是羅星漢(13歲)、彭家聲(14歲)、坤沙(12歲)。教官是國民黨殘軍中出身黃埔軍校的老兵,首批畢業的22名學員均被授予少尉軍銜。他們學到了黃埔軍校系統軍事戰術,以及中國遠征軍叢林作戰等軍事技術。

1950年,李彌軍進入果敢,緬甸政府特許「坐把公署」頒發身分證,以免其他中國人混淆。

1950年5月,土司楊振材奉命為緬甸參加第五屆聯合國大會代表團團員,前往紐約開會。

緬甸獨立不久。爆發內戰,緬甸中央政府無法照顧北方邊區。幾年內無緬甸中央官員來過。坐把制度照舊維持。

1952年10月，緬甸政府軍駐守怒江西岸，通知果敢武力驅逐境內國民黨軍至薩爾溫江彼岸，國民黨主動配合，果敢才恢復與緬甸中央政府的聯繫。

1953年3月楊文燦寨蠟戍被扣，據說與中國游擊隊有關，1952年8月楊金秀寨勐乃也被扣，後拘押於瓦城（Mandalay），二人均於1953年12月獲釋。

楊振材和楊振聲

楊振材（Sao Edward Yang Kyein Tsai，1918年－1971年），果敢末任土司，楊文炳次子；早年入臘戍英國人開辦的教會學校，後轉撣邦貴族學校讀書；1948年任吳努政府上議院議員和撣邦財政部長；1949年起繼任果敢土司，應翁山將軍之邀參加了《彬龍會議》，並簽訂了《彬龍協議》，土司行政公署也升起了緬甸聯邦國旗。1950年他擔任緬甸出席聯合國大會代表團成員。

1962年3月仰光政變，軍人執政，解散議會，分別任國會上下議院議員楊振材和楊振業兄弟被解職。10月，他們擁有的果敢鴉片被扣留。果敢所有拋頭露面的人物先後就捕，楊振聲潛逃。果敢人擁楊振聲為首，組織果敢革命軍抵抗緬軍，彭家聲也參與其事；楊振聲聲勢如日中天，被尊稱為坤

（昆）蠟（Khun Ladd）。撣語坤（昆），王者之意。楊振聲與緬軍相持 20 個月，羅星漢在緬甸獄中獻策，不久獲釋，緬甸政府配予人馬及槍支，為果敢自衛隊隊長，回果敢鎮壓楊振聲叛亂。楊振聲不敵，率殘部 1,000 餘人南奔泰國。果敢歸緬甸政府直轄。

楊振聲（Jimmy Yang Kyein Sein，1920 年－1985 年），果敢土司楊文炳三子，二哥為果敢末代土司楊振材。

他在 1920 年出生在楂子樹。先在果敢啟蒙，後進臘戍教會學校。1931 年轉入撣族土司學校（Shan Chief's School），直至高中畢業，都是優秀的學生，往往是第一名。他是學校足球、曲棍球的選手。1942 年戰爭打斷了他在仰光大學的學業。二戰時期，楊振聲曾隨其父楊文炳至中國戰時首都重慶，蔣介石特准在重慶繼續大學學業。曾任緬甸聯邦下議院的議員，並在緬甸外交部任職。

楊土司全家在昆明一年期間，他們與昆明親戚和各種人士交往。土司子弟如楊金秀、楊金萍和楊振徽等入學，繼續學業。楊金秀的朋友周國芳，戰後多次到過果敢，最後與楊振聲結婚。

1943 年 8 月，楊振聲被召回果敢。戰後，當果敢總務處長。1950 年 10 月，他將家屬遷往仰光，他則去接受下議院議員的職務。

楊振聲到達仰光後，因生性喜歡熱鬧和好客，很快適應仰光社會。在議會中，他廣交其他民族朋友，以求擴大影響力。他又擅長商業經營，不久他就創辦了自己的商業企業，計有9家。其中有緬甸東方銀行，股東多數是撣邦人士。

　　他認識的朋友遍及政界、商界及司法界，都是名流。他進入了權勢中心，成為緬甸名人。他的孩子們，進入了英國教會中學，是許多緬甸知名人的子女就讀的學校。

　　楊振聲在大學區137號的住宅，是果敢駐仰光衙門。在仰光，楊振聲是楊家族長。仰光的果敢大學生中，楊振勛，學醫；楊振來，學數學；彭積德，學經濟；彭積祥，學機械工程；楊振剛，學財政；楊振祥，學醫；蘇文虎，學地質。所有大學生在學校長假期中，還沒有啟程返果敢之前，都會集合到他住宅從事各種活動。

　　周國芳也常為果敢青年介紹結婚對象，仰光華人社會圈裡的中國人，多半是廣東籍，與果敢人的風俗、文化有差異。楊振聲和周國芳，專心致志地教給這些青年有關城市的禮儀禮節。

　　果敢人來到仰光，必先來拜會。他的住宅是來仰光求學的果敢學生的臨時落腳地。房子後面有網球場，供他們利用。大學生們經常那裡高談闊論，議論果敢、撣邦，以及其他政治事務；他們大致認為緬人與撣人地位不平等，厭惡緬

軍的專橫跋扈，主張組織較為鬆散的聯邦政府。仰光大學歷來是政治運動的中心，潛移默化，果敢大學生也深受此學風熏陶。

該處也是許多政治家居住的地區。比如有名的「30志士」中的波羊乃、《民族報》主編吳勞勇，也是「30志士」成員的波賽甲、波勤雅等，都住在該區。

常客中有波賽甲，他是「反法西斯人民自由聯盟」（AFPFL）的「經濟沙皇」。他與楊振聲之間，有很多共同之處。他們兩個的英文名字都叫「吉米」（Jimmy），兩人都是精明的生意人，兩人都有漂亮的太太，都喜歡戲劇和演出。在那個時期的仰光社交圈子中，最引人注目的活動之一，就是波賽甲大年夜的社交晚會。

曼德勒附近的錫箔（Hsipaw）土司和他的哥哥昭甲總，也是楊振聲在土司學校的好朋友，他們是楊家常客。當錫箔土司昭甲省來仰光的時候，不會住在其他地方，只會來楊振聲家投宿。

他的住宅經常忙碌，送往迎來，川流不息。

外國大使或知名座車，經常停泊。大盤子裡，裝滿了各種宴請的請柬，主人社交應酬繁忙。楊振聲和夫人周國芳，喜歡賭博。他們對打麻將、玩撲克，比赴宴還更感興趣。有時，也會外出參加政治、外交關係方面的宴會。

仰光大學有個傳統，每年要從新生中選出一個膚色黝黑、長相漂亮的女生，叫做選「火炭」。每年，楊振聲會買票，帶領全家人，去出席被稱為「玫瑰舞會」的大年夜舞會，舞會是在茵雅湖大酒店舉行。去那裡，幾乎成了全家人的例行公事。

楊振聲家對面有個婦女導遊協會，每個周末，他們在美國圖書館新聞中心舉行會議。協會是由各學校聯合組成，協會成員幾乎都是「循道英語高中」的學生，協會領導是個女孩子，大家都叫她「素素」，留長辮子，拖到腰間；頭髮從頭頂中心分往兩邊，看起來非常文靜和聰明。素素的父親是緬甸英雄翁山將軍。素素就是後來鼎鼎大名的翁山蘇姬。

1950 年，楊振材土司，決定搬家臘戌，將行政權移交給他的弟弟緬名昭臘（Sao Ladd）的楊振聲。

1963 年楊振材返回果敢建立革命軍與緬甸奈溫政府對抗。其間，認識法國冒險家和作家凱塞琳・拉摩（Catherine Lamour），同居一陣子。拉摩當年由今台灣媒體界名人金恆煒的小妹金式英陪同，先到台南找到成功大學訓導長原李彌參謀的丁作韶訪問，以備寫書。丁作韶留法出身，能說法語，跟隨李彌和李國輝，把自己說得比李彌和李國輝還偉大。她們兩人續到清邁美斯樂訪問雷雨田。雷雨田告訴我，當年確實有一位法國女記者帶了一位台灣來的年輕小姐翻

譯來問東問西。雷雨田說，法國女人大膽，台灣小姐卻很害羞。

　　凱薩琳・拉摩除了丁作韶以外，從哪裡得來關於鴉片戰爭那麼細微的材料？原英文《遠東經濟評論》（Far Eastern Economic Review）駐曼谷記者林諾（Bertil Lintner）電郵告訴我，凱薩琳・拉摩和楊振聲一度是愛人關係。楊振聲曾在東枝英國人辦的撣族土司學校、仰光大學和重慶交通大學念過書，中英語流利。他帶領數千名的果敢革命軍到了泰緬邊境，與李文煥合夥做鴉片生意，正做得紅火，豈料被泰國以非法入境被捕，留置一夜。從此灰心失意，1971 年，離泰赴法，投奔拉摩，1973 年由拉摩設法給他弄到難民護照。他原是果敢土司家貴族，金枝玉葉，在泰緬邊境，有兵有將，呼風喚雨，魅力無邊，現在龍游淺灘，虎落平陽，魅力全失，日常生活還得靠拉摩照顧。日久惹人討厭，最後拉摩將他掃地出門。他流落到巴黎華人餐廳當洗碗工，曾一度打算移居美國，入境簽證被拒。這位落難王孫只得透過舊日關係，怏怏然於 1980 年回清邁，任清邁亞瑪麗・琳蔻穆飯店（Amari Rincome Hotel）經理，與林諾相識。楊振聲於 1980 年緬甸大赦時回緬甸，1985 年在仰光去世。

楊金秀

楊金秀（Olive Yang，1927年6月24日－2017年7月13日），是果敢土司楊文炳之女，人稱楊二小姐，洋名傲立威（Olive），生於果敢炸地林。她從小男裝，四歲時開始玩槍。曾在臘戍護佑神庵女校（Guardian Angel's Convent School）上學；綽號毛腿姑娘（Miss Hairy Legs），日常打扮是灰色軍服，腰佩兩把比利時槍。

她父親生前，將她許配給大勐穩（Tarmoenye）土司兒子段朝文為妻，大勐穩在果敢附近，是另一個華人村落，該地居民於2016年3月，加入緬籍。她自稱「不喜歡男人，更不喜歡我的丈夫」，一年生下兒子，名段吉普。其後與段朝文分居。

國民黨軍建議楊金秀以土司衙門衛隊為基礎，成立300人的自衛隊，任命羅星漢為隊長，運送鴉片。

1950年代，她開始進行鴉片走私，在金三角地區開闢鴉片貿易路線。冷戰初期，美國中情局資助楊金秀部隊。國民黨軍敗入撣邦，與楊金秀合作。

從1960年起至1962年，她是果敢的名副其實的統治者。她的部隊人稱「二小姐兒郎」（Olive's boys），約有千

人，編入李彌國民黨軍，發給美援槍支。鄧克保（柏楊）在《異域》中描寫道：

「我永遠懷念馬力壩的那唯一的女英雄楊二小姐，我還是在邦桑（Pang Sang）撤退時俯在擔架上見到她的，但她的印象卻留在我的腦海裡，隨著日月的增加，而更清晰，……她的面龐飛紅的像一張孩子的臉，兩個大眼睛，和那兩排細而小的貝殼般的牙齒，使我驀然的想起美國西部電影中那些美麗絕倫的女盜，我懷疑那山巒重疊裡的風沙和雨季後特別顯得毒烈的太陽，為什麼沒有把她曬黑，她似乎不像英雄，而像一個電影明星在拍戰爭實況電影，我把我的想法告訴她。『聽妳的口音，好像是雲南人。』『不，我是馬力壩人，馬力壩歸緬甸管。』但她承認她是中國人，一股兄妹之情使我永遠關心她，她那嬌小身軀可以抱著馬腹奔馳百里，而且雙手可以開槍，百發百中，在我們談話時，弟兄們蜂擁四周，要求她表演給大家看，她站起來，剎那間，當兩個比人頭還大的椰子隨著槍聲在一百公尺外另一棵椰子樹上掉下來時，我們還沒有看清楚她是怎麼一回事。這一位一年四季圍著紅頭巾，穿著美軍夾克的雙槍女郎，李彌將軍委

她為獨立第三十四支隊司令,她大發脾氣,因為她手下有三百多健兒聽她指揮,她希望的是縱隊司令。民國四十一年春天,薩爾溫江大戰初起的時候,她率部從馬力壩星夜向猛撒增援,在景棟以北的叢林裡,中了緬甸的埋伏被俘,從此沒有下文,是生是死,我們不知道。」

柏楊的描寫真假參半。事實上,1952年10月某日,楊二小姐煩悶,帶兩個貼身保鑣,縱馬十多公里後換乘備好汽車,親自駕駛開往臘戌方向。車到孟乃(Mongnai)小鎮,離開了她自己的勢力範圍,緬軍中校軍官走到二小姐面前,從口袋裡掏出一張公文紙,向楊二小姐宣讀逮捕命令,說:「自國民黨游擊隊入侵緬甸以來,四處擾民,嚴重危害緬甸邊疆穩定與社會治安,果敢地區以楊金秀為首少數不法分子,暗中勾結中國游擊隊,與政府對抗,為維護邊境安寧,懲治犯罪,經批准,逮捕楊金秀。」

她無法可使,唯有束手就擒。二小姐被移送到瓦城(Mandalay)關押五年。楊振材派人四處打招呼,通過在仰光當議員的楊振聲到緬政府上層活動。二小姐於1954年2月獲釋,緬政府命其定居臘戌,不准返回果敢,直到五十年代後期,二小姐才通過秘密方式回到果敢。1960年成為果敢的

主要領導人。1963 年又被緬甸軍政府拘捕，再度監禁 5 年。1968 年釋放。楊金秀獲釋，果敢已經大亂，她淡出政壇，緋聞不斷，對象都是女兒身。後來她迷戀影歌雙棲明星的娃娃吻蕊（Wa Wa Win Shwe），散盡千金，終使後者紅遍全緬。她於 2017 年 7 月 13 日去世。

果敢鴉片

果敢在 1840 年中英鴉片戰爭後開始種植鴉片。英人發現果敢山區氣溫低、陽光足，土壤肥，適合罌粟生長，派人傳授種植技術，並指定東印度公司壟斷收購，銷往世界各地。

緬北種植罌粟、生產鴉片為當地經濟主要產業，鴉片經濟為人們生活中必不可少的一部分。到 1940－50 年代，逐步形成了當地少數民族以種植為主，華裔收購、販運為主的格局。華裔因此所賺得的錢遠遠超過了當地土著民族。

果敢山地多，交通不便，稻米和玉米生產，只能維持六個月食用。水稻只有在山谷地才能種植。人民全依靠鴉片生存。

至 19 世紀後期，果敢三分之二的土地，大約 10,000 英畝，都是種植優質鴉片。果敢煙在鴉片煙中雖非首屈一指，也算鼎鼎有名了。

《果敢志》載：20世紀初期，每至春節後三四月鴉片上市時節，中國川、滇趕來的馬幫和印度、泰國來的商賈，都雲集果敢首府老街趕「煙會」，時間為10天到半個月不等。交易活動中還有一系列的其他商品交易和傳統的民間文化活動，久而久之，聲名遠播中國西南和東南亞。從中國遠道而來的老闆和馬幫，一般是將生產工具、絲織品和器皿等運來果敢貿易，再換成鴉片運回雲南。從泰國、印度來的商人則販賣日用百貨。英國人兜售洋貨。煙會越辦越紅火，成為果敢僅次於傳統節日的一大盛事。老街也因這一鴉片盛會而聲名遠播，是金三角地區最早形成的、最負盛名的鴉片集貿地。由緬甸經滾弄運往中國的貨物，也是以老街為中轉站。1940年代初，整條街商號林立，其中包括雲南最大的永昌祥、復協和、茂恒等大公司設有分號，每天進出騾馬數以千計。

　　20世紀初朝楊國正土司時，正值麻栗壩大煙土聲譽鵲起之時。因產品質優，商業興旺，社會繁榮，人口增加，並開設了緬泰寮一帶最大煙會，成為緬北一年一度最為熱鬧集貿盛事。

　　煙會上最搶手的商品是鴉片。20世紀40年代以前，煙會上最為活躍的主角，是手持文明棍的英國人。他們雇用的馬幫，被當地人稱「趕洋腳」，是人人稱羨的工作，馬幫幫

忙販運一趟，獲利比平時跑單幫高出2－3倍。

土司楊家更加熱衷於煙會。因為每年此時他們的馬幫不僅可以大賺一筆，還更進一步結交英國人。當地的煙稅，幾乎成了果敢上交繳撣邦土司稅賦的唯一來源。

老街小街因煙會而繁榮。果敢出產的鴉片幾乎全是以老街為集散地。由緬甸經滾弄運往中國的貨物，也是以老街為中轉站。1940年代初，整條街商號林立，其中包括雲南最大的永昌祥、複協和、茂恒等大公司設的分號，每天進出騾馬數以千計。

在金三角，只要說是果敢人，旁人莫不禮讓三分，不僅因為他們是金三角地區最早的押運鴉片的保鏢專業武裝，還因果敢人的強悍武勇與團結。百來年，果敢人一直依靠經營大煙集市和販運鴉片為生。

早先的果敢人只是靠充當鴉片販子的押運保鏢獲取報酬，二戰後，楊家土司子女、羅星漢等，武裝販運鴉片牟取暴利。

果敢的鴉片以救國軍進入為分水嶺，其前鴉片農民鴉片農停留在初期的生產狀況，只是到街子賣給在外面有聯繫的仲介商人，收入僅夠維持溫飽；其後鴉片生產銷售方式發生了質變，鴉片生意被李彌的反共救國軍壟斷。

救國軍其支配地區，通過其代理人先貸款給貧窮煙農，

鼓勵多種，收成後以實物還債，連本帶利，鴉片農的收益約百分之二十至三十歸他們。他們也負責運輸。歷來金三角有護運鴉片的武裝保鏢號稱馬幫，土司衛隊通常兼任馬幫。救國軍後來取代馬幫，為鴉片運輸提提供保護、倉庫設施和交易聯繫，從而方便了鴉片銷售。

楊金秀持續經營鴉片，得救國軍之助，收入大增，是金三角的第一代鴉片軍閥，也是第一個敢用卡車直送鴉片到泰國邊境者。

果敢是這一條龍辦法的最早試點，行而有效，推廣到佤邦和撣邦的其他地區。

1950年代後期，緬甸軍人以奈溫為首的軍人發動政變，實行軍管，撣族土司被剝奪了世襲權。撣族持續反抗，到60年代，撣族勢力已經發展到足以與政府軍匹敵。緬軍為對付這些叛亂武裝，開始組織由當地人出面的自衛隊，前後有三十個。軍政府沒有能力裝備他們或為他們提供經費，允許他們從事鴉片交易和其他物品的黑市買賣。它們多靠毒品交易存活，因而鼓勵了鴉片生產。鴉片小部分通往印度，大部分通往泰緬邊界。他們改掛反共救國軍番號，免費入手美援武器，鴉片照運，一切如常。回程為救國軍駐地運送補給，一舉兩得。緬甸自衛隊很多是李彌反共救國軍的秘密成員。救國軍控制區愈大，鴉片產量愈多。鴉片運到泰國邊境後，泰

國警察總監乃砲（Phao Sriyanond）或泰國陸軍和空軍單位批發出售。金三角鴉片也因救國軍介入而步入了第一個高峰期，鴉片年產量在1950年代末已達700噸，佔世界非法鴉片年生產總量之半。

第三章　坤沙

坤沙先世

　　坤沙送我一本他的家譜《清河張氏意目》,家譜傳統有金牒、譜牒、玉牒、世牒、祖譜、族譜、系譜、宗譜、世譜、支譜、房譜、家乘等名稱,未見稱「意目」者。《清河張氏意目》收有六篇文章。首篇是始祖張有才的墓誌銘,始祖是指最初移居撣邦的人物而言。繼之是二祖張正華和他的侄子張繼祖的墓誌銘。張繼祖墓誌銘中又附有他妻子李玉秀簡傳。然後是以坤沙叔父張秉唐和張秉雲的名義悼念其全體逝去祖先（包接男女）的祭文。其次是世系表,最後是以張秉唐為中心的張家三代人的生辰八字。

　　以下轉述《意目》內容,加上我的考證說明。

　　坤沙的祖籍是雲南大理趙州木瓜寨。現在的大理屬於西雙版納自治州,「版納」是傣族是田賦引申的部落的意思。西雙版納就是傣族十二州。那裡本來住的都是傣族。

　　坤沙入緬初祖是張學豪,屬於經濟難民。學豪在雲南遇飢荒,無以為生。1816 年受到印尼坦博拉火山爆發的影響,

雲南全省嚴重饑荒。是雲南近代有記載以來規模最大、最嚴重的一次饑荒。雲南《鄧川縣誌》載，嘉慶二十一年（1816年）「是歲大飢，路死枕籍」。饑民被迫賣兒賣女以求活命，昆明詩人李於陽在《賣兒嘆》道：「三百錢買一升粟，一升粟飽三日腹。窮民赤手錢何來，攜男提女街頭賣。明知賣兒難救飢，忍被鬼伯同時錄。」

學豪求生無門，隨馬幫進入撣邦，在果敢九頭山落戶。二祖張瑞年，娶三妻，可能略有積蓄；三祖張有材，精於武術，張家世代練武，自有材始。坤沙也精於武術。

張有材生活無著，行商至萊莫（Loi Mu）。萊莫山《意目》說：「萊山嚴嚴，崛起千仞」，漢名公明山（Gawng Moeknu），漢人附會為孔明山，謂諸葛亮七擒孟獲，曾到此處；原屬雲南瀾滄阿佤山區，中英議界將劃歸緬甸，另稱佤邦，屬撣邦木邦孟侖（Manglön），中國古籍亦作「蟒冷」。

撣邦仿照雲南的土司制度，有絕對權力。撣邦土司分等級。

最高的是召豪考（Chao Haw Kaw），其次是「召發」（Chaopha），緬文作Sawbwa，漢人稱「座把」；次之為「茅咱」，最下一級為「千昆穆」（Ngwekhunhmu），語源可能是「經勐」。

召發簡稱召（Chao）或「刀」、「昭」，其次是昆

（坤），最下是坎（Kham）。

撣邦座把彼此間時常混戰，最多時有四十多個，每個座把管二個至十二個茅咱。土司管轄地稱「勐」（Mong，勐、孟、猛、蒙）。土司的宮殿稱「豪」（Hau）。萊莫勐有四百戶，混合漢、佤、撣、傈僳、山頭（克欽族）；張家的「豪」是土坯牆瓦頂的四合院，有七、八個壯丁常年守衛。

張有材於1896年逝世，年55歲。長子張正發先父親而死，次子正開繼承茅咱，短命，兄終弟及，傳位弟弟，最後傳給未成年的張正華。

張正華撣名召爭瓦，於父親死那年，與兄弟向原龍陵縣令趙喧春學習漢文三年。張有材墓誌銘就是趙喧春的手筆。

張正華是張家最初接受漢文化的人，他主政二十餘年，以儒教為本，愛鄉愛民，鼓勵農耕，使萊莫成為荒山野嶺中的富裕小鎮。正華死後，茅咱1916年由正發的兒子張繼祖繼承。

張繼祖號純武，撣名昆求祖。本人不識漢文，但識撣文，他廣建漢文學校，推行漢文教育，提倡漢撣和平相處。生活不講排場，勤儉持家，黎明即起，與民眾一樣，下田耕作，此外又經營馬幫運輸，更使萊莫經濟進一步發展。他有一妻一妾，生子按堯、舜、文、武、周（公）排序。

長子張秉堯酷嗜拳術，成年後，娶妻楊美英（《意目》

作楊夷氏），不育。他三十六歲時，眼看就要絕後，便經家長同意，繼娶南相總（Nang Saeng Zoom）為姜。南相總是萊莫附近崩龍族土司之女，家裡薄有田產。崩龍中國稱「德昂」，是佤族近親，同屬南亞語系孟高棉語族。南相總美麗而高大，坤沙得其遺傳。

張秉堯帶著一妻一妾，搬到三十多公里外的弄掌村，管理祖產。弄掌村是一個盆地。村子中間有一條清澈的小溪，從南到北，將盆地割成兩半。盆地一百多畝田都靠溪水灌溉。跨溪有橋，橋上嵌有「天生橋」三字。兩岸居民憑此互通。盆地疏疏落落有三十多戶人家，張姓八家，曹姓十一家，其餘是楊、李、趙、魯、穆等，全是雲南移民。村中的語言、風俗、服裝、建築都是漢式。大家都住土坯小平房，只有村東有一座三間兩耳的瓦房，那就是張秉堯的住宅。村子四周是綿延起伏的丘陵，因為地處熱帶雨林，植被茂密。在高高低低的山坡上，建有七、八十戶撣人竹樓茅舍。撣人的竹樓像眾星拱月般，把張秉堯的住宅圍在中間。

次子張秉舜入英國人辦的訓練撣邦下級官僚的英文學校「千坡撒」（東枝土司子弟學校）。東枝（Taunggyi）是撣邦首府。這個學校畢業後，一般都由英國人安排出路。

日本發動第二次世界大戰後，於 1941 年 12 月 8 日進軍泰國。泰國投降，緬甸翁山（Aung San）和奈溫（Ne Win）

等人為首的「三十同志」，在泰、緬邊境招募了三萬五千名志願軍反對英國殖民統治。二十天後日本特務鈴木健二輔導，正式建立緬甸獨立軍（BIA）。三天之後，與日軍一起進入仰光。緬甸宣佈獨立，緬甸獨立軍改名為緬甸國防軍（BDA）。年末，日軍第五十五師團自泰國進軍緬甸，直逼緬、中邊境。英軍、各地自組的游擊隊和保衛滇緬公路的五萬名中國兵無還手能力。

次年，張繼祖五十三歲。夏天，三木少佐率領日軍，浩浩蕩蕩，來到萊莫土司府，透過翻譯，要張繼祖歸順。

南逃撣邦漢人都說日軍殘暴，張繼祖認同中國，不肯屈從。三木大怒，派人日夜監視土司府，並將張秉舜和張秉禹抓到撣邦第二大城臘戍（Lashio）監禁，迫其就範。張繼祖表面不動聲色，暗地變賣家產。10月，他秘密派人到臘戍，動用大筆金錢，買通獄卒，救出兩個兒子，連夜攜家帶眷，逃出萊莫，過薩爾溫江，到佤邦山區匿居偏僻而荒涼的邦卡寨，令秉舜和秉禹赴外尋找機會，聯繫抗日。日軍此時，勢力深入撣邦各處，孟侖土司親日。張繼祖怕曝露行蹤，輾轉遷居，最後流落在雲南滄源縣猛懂鄉阿帥寨。

國民黨政府因為不承認中緬南段未定界中英人所劃的「司各脫線」（Scott Demarcation），把撣邦中的佤邦視為中緬未定界，很早就在那裡發展抗日游擊隊。1941年末李達人

率領在中國境內組織的第十縱隊,越公明山,在萊莫附近活動。次年,重慶政府派遠征軍入緬,許多部隊進入緬甸撣邦和克欽邦,但被日軍打敗,其中新一軍、第五軍和第六軍敗得最慘。

1943 年,國民黨先在雲南成立一個兵站總監部,在孫立人領導的中國遠征軍入緬後,又成立了入緬遠征軍兵站總監部。初由何世禮為總監,由後來也在金三角活躍的段希文之父段克昌中將為後勤部長。張秉舜先把被日軍打敗潰散,無處安身的中國兵,加上當地來投的華人和撣人,在佤邦成立一個一千多人的游擊大隊,自任大隊長。中國的緬甸遠征軍總司令衛立煌,派了 101 師輜重營營長趙朝宗來到佤邦,協助張秉舜,並由中國盟軍總部正式任命為旅長,配合英美盟軍,襲擊日軍和緬甸國防軍。張秉舜在佤邦逐漸坐大,過了三、四年,國民黨又派來正式部隊,人數雖少,但是配有指揮當地游擊隊的司令,名張振武,後換一位青年李文凱。到了 1945 年 8 月,日軍投降前夕,這個游擊隊擴充到三千人左右,因收集了新一軍、新二軍和新四軍的槍枝,武器多而精良。張秉舜積功升任遠東中國盟軍緬甸戰區抗日游擊隊副司令,下管佤邦九個大隊。戰後,李文凱奉命撤走中國正規軍,剩下當地游擊隊員歸張秉舜管轄,張秉舜成了名副其實的正司令,張秉禹從旁協助,為副司令。他們兄弟倆回到萊

莫，衣錦還鄉，成了人人欽羨的大英雄。張繼祖也從雲南回到萊莫，重襲官位。他離家三載，茅咱官也虛懸三年。

　　日軍撤走後，英國人捲土重來，首任緬甸總督為史密特爵士，以勝利者的姿態出現，意圖鞏固殖民統治。他們殺了十多位不聽命的撣邦和佤邦領袖。萊莫土司的頂頭上司為孟侖土司溫島，於英國人回來後，表態投靠。溫島看張秉舜的武裝力強大，怕中國人支持他用武力奪取土司職位，加上英國人又在後面慫恿他，他乃陰謀策劃，圖害張秉舜。有一天，溫島謊稱慰勞游擊隊長，授張秉舜以獎章。張秉舜一到撣邦首府班陽（Pang Yang），就被拘禁。張秉禹聽到消息，便接替哥哥的職位，自封為旅長，帶領部隊，準備營救。但是溫島軟硬兼施，又把張秉禹騙到班陽。不久，他們兩人都被槍殺，投屍河中。接著，張秉周自雲南昆明幹訓團畢業，回家途中，旅途勞累，肺病和癲病加重，在保山辭世。

坤沙

　　1943 年 2 月 17 日，星期六中午，（陰曆十二月初七日，另一說正月初七日），張秉堯與他的二夫人南相總生了一個兒子。張秉堯與南相總結婚才一年，有此成果，大喜過望，立即派人專程把喜訊告訴他住在萊莫的父親張繼祖。

張繼祖已五十七歲,開始有孫子,欣喜可想而知。他放下一切雜務,急忙趕了三十多公里路到達弄掌。遠親近鄰,齊來祝賀,用雲南話尊他為老祖爺。嬰兒非常健壯,張繼祖和張秉堯父子為他取乳名叫生發,取生機茂盛,興旺發達之意。張繼祖又按福的字派,由一個老師為他正式取名啟福,撣文「福」叫沙,又因為他是土司的後代,加一個頭銜「昆」,這就是坤(昆)沙(Khunsa)的由來。

　　坤沙自己告訴我,他原名啟福。張奇夫是他少年時寄學於早咩市張鳳翔老師家時為他取的學名,是他原名的同音字。

　　泰國美斯樂雲南人民反共志願軍總指揮兼第五軍軍長段希文將軍的墓上,捐建者名錄的第一行第一個就刻著「張奇夫」。

　　坤沙的祖先是茅咱,其頭銜是坤(昆),茅咱的上級土司的頭銜是召。撣邦直接掌權的大土司叫召,土司的叔伯、兄弟、子孫都叫坤(昆)。但是現在撣邦的人很多都自加召的頭銜。坤沙的部下就尊坤沙本人為召坤沙。

　　坤沙在撣人中不算太稀罕的名字。例如,原為撣族軍幹部,後加入緬共為第七六八旅的三位領袖中,有一位撣名召坤沙,洋名邁可戴維斯(Michael Davies),是威爾斯人和撣族混血的叛軍領袖,在景棟地區名氣很大,與本書主角名字

完全相同。

坤沙屬下尊他為召父（Chao Fu），意為父親。軍人則叫他「壯邦社」，意為指揮官。

張秉堯生坤沙兩年後，又生一女，小名蓮香，正名張惠英。張秉堯在生女的同一年，因練拳過度，受到內傷，在臘戍不治，吐血身亡，享年四十歲。

南相總在丈夫死後，帶了坤沙兄妹回娘家，坤沙當時才滿兩歲，她不久改嫁萊莫北邊毗鄰的猛敦土司昆吉（Khun Ji）為妾，坤沙也隨生母到繼父家生活。南相總深得丈夫寵愛，招大老婆之嫉，兩年後，中毒而死。

坤沙的外祖父是崩龍（德昂）族，繼父是撣族，不像張家那樣在抗日問題上認同中國激烈反日，所受日軍的報復也較少，經濟損失也較輕，不像張家那樣家破人亡。坤沙六歲以前的物質生活應不虞匱乏。

按照漢人的傳統，他是張家三代獨子，即使母親改嫁，也沒有成為繼父養子的道理。坤沙兄妹在繼父昆吉家住了五年，被祖父接回萊莫，由他的大媽，即張秉堯的第一個太太楊美英撫養。時年八歲。回來祖父家，他有了張奇夫的字。一說上學後老師覺得他的啟福太俗，為他取了奇夫的字。另一比較神奇的說法是坤沙參加他曾祖父張正發的超渡儀式，誦經的僧人是來自中國的空明禪師。先看到坤沙天庭飽滿，

氣宇軒昂，問了他幾句話，隨即向眾人讚道：「這孩子相貌不凡，聰明穎達，真是奇男子、偉丈夫」，因此用他啟福的同音字，為他取了「奇夫」的字。

空明禪師接著說：「諸葛亮當年到此，見這萊莫山，山形奇異，說地靈人傑，今後必出奇人，莫非要應驗在這孩子身上。」當地人迷信，這些恭維話對坤沙長大後的事業有很大的幫助。後來緬共到達萊莫，久聞萊莫山的兩峰酷似土司府後院兩根石笋，萊莫山地氣獨鍾張家，造就坤沙的傳說，意圖鏟平兩根石笋。但因石笋太硬，只能破壞一部分。緬共走後，村民在被毀石笋周圍蓋了印度象鼻財神（Ganesha）廟。過了幾年，石笋又長了幾分，石笋傳說愈傳愈神，坤沙的聲威也愈傳愈廣。

張繼祖為了逃避日軍，帶了家族離開萊莫，到了佤邦內部，隱姓埋名，然後又再逃入雲南境內。坤沙由楊美英養大成人。坤沙小時，他的二叔和他祖父的手下都相當寵愛他、縱容他。他跟隨祖父和大媽一起生活。

他的祖父教他做人和做事的道理，也教他生產之道。他學會趕馬、放牛和種田，也跟著祖父一起去插秧、種田和開墾栽茶。他們栽的茶可供二十二個村子的人飲用。多餘的出售，以便買藥和衣服。他祖父勤儉持家，言教、身教使他學習經營管理。他祖父還請了家庭教師教他讀過幾年的中文和

揮文。

自衛隊制度

撣邦各地各族有武裝部隊，一方面用於運輸鴉片，另一方面也用以抵禦緬甸政府的侵擾。

1962年緬共在撣邦勢力大增，緬軍軍事情報局（MIA）為安定地方，使鴉片部隊和各族叛亂部隊不致與緬共合流，將這些叛亂或鴉片部隊予以收編，給以「自衛隊」（嘎戈耶，Ka Kwe Ye，KKY）封號，發給若干槍枝，任其買賣鴉片。緬甸政府把鴉片貿易合法化，臘戍、當陽、景棟、東枝和大其力等主要商業城市劃為鴉片儲存所和海洛因廠所在地。

1962年1月16日，由緬甸國防部長奈溫將軍下令撣邦軍區司令第六旅旅長貌隨上校親自出面找坤沙，要他將原有鴉片部隊改為自衛隊，發給坤沙正式委任書，封他為暖亮（萊莫）茅咱兼自衛隊隊長，同時也提供英式步槍二十五支、士丁衝鋒槍兩支、三〇三輕機槍一挺、兩英寸曲射砲一門，共二十九件武器。緬甸政府還派了軍事教官，進行軍事訓練。不久坤沙便發展到有兩千多人的部隊。1962年8月22日，他帶了二十餘人到景棟，緬甸參謀總長旺吉准將舉行隆重儀

式，將他納入正式編制，同樣被緬甸政府承認還有楊金秀、羅星漢、楊士禮、波萊伍（Bo Lai Oo）、陳紹武、李發明、麻哈散（Mahasang）、艾小石、徐家駒、冒和高（Saung He Gao）、賽濃（Sai Nong，印度裔）、蔣忠誠、吳忠鼎、翁敏（Wun Min）、吳賢、楊博章、田子榮、王野尚（Wang Ye Saine）、米亞克（Mee-Yak，一名賈索波 Ja So Bo）、波岡索（Bo Gang-hso）、田順勇（Ten Seun-yong）、再令堯、色亮、波戛、邵瑟、布宗龍（Bu Chong Luang）。其中坤沙規模最大。自衛隊制度實施十年之後，1973 年 4 月國際認證自衛隊為鴉片部隊，緬甸政府不得不予以廢止。

牢獄

　　1963 年，柳元麟餘部張蘇泉和梁仲英率領第一軍約五、六十人前來投靠坤沙，萊莫自衛隊經他們訓練之後，戰力增強。1966 年，坤沙將自衛隊暗地改名為撣聯軍（Shan United Army，縮寫 SUA），「聯」是聯合撣與國民黨殘軍，正式打出撣軍旗號。

　　1969 年 10 月 14 日，緬甸國防部長兼三軍總參謀長山友（San Yu）上將，在臘戌召見各自衛隊隊長，商討剿（緬）共方案。

山友離開幾天之後，緬甸東北軍區司令丹定上校，便從東枝拍來緊急電報，要坤沙立即前來討論具體剿共方案。

坤沙於17日離開當陽，19日從臘戍乘飛機抵達東枝。20日，緬甸東北軍司令部丹定上校宣讀了坤沙的軍事法庭對他的宣判。事前，坤沙已被緬甸法庭秘密判處無期徒刑。那年坤沙三十六歲。

坤沙部下張蘇泉聽到消息，立即帶了撣聯軍三、四千人的部隊與撣邦軍聯合，到臘戍一帶的叢山峻嶺去打游擊。坤沙被監禁五年後，張蘇泉設計指揮綁架了兩名支援緬甸的駐東枝的蘇聯醫生，要求交換坤沙。通過泰國的堅塞‧差瑪南（Kriangsak Chomanan）上將的斡旋，由堅塞親自乘直升機到滿星疊（Ban Hin Taek）北邊的山上，接回曼谷，送交蘇聯駐泰國大使館。

那時滿星疊雖已成為撣聯軍的基地，但是他們不能將基地和武裝部隊公開，泰國也不願意讓人知道庇護緬甸叛軍的事情。

坤沙於1974年9月7日無罪釋放出獄，時年四十一歲。釋放他的是仰光警察局局長索明，此時距交換蘇聯人質已有半年之久。

坤沙獲釋是有條件的，他不准涉足撣邦，而且他需每月向仰光偵探部的索敏上將報到。

坤沙在緬軍監視下，先在曼德勒（瓦城）剃髮為僧，又當緬軍買賣撣邦玉石中間人。最後把存款全部提出，盡情揮霍。成天出入歌台舞榭，醇酒美人。乘緬軍不備，於 1976 年 2 月 7 日逃出瓦城，三後抵達滿星疊，與張蘇泉會合。此後他在滿星疊鴉片生意愈做愈大，成了世界公認的鴉片大王，泰國無法坐視，出兵征伐，他逃往賀蒙（Homong）組建撣邦共和國。

撣族獨立

撣與泰、傣、佬同義，泰國人相信泰之原義是自由。

中國史籍稱之為「哀牢夷」、「烏蠻」、「僰夷」（白夷、百夷、擺夷）等。

撣邦位於緬甸聯邦東部，約佔全緬總面積的四分之一，是緬甸 14 個省、邦中最大的一個邦區。

撣族一度在緬甸中部建立實皆王國，但很快沒落，退回撣邦山區。

1885 年英佔緬甸前，撣邦實行土司制度，由土司統治。土司每年向緬甸國王進貢，邊境土司果敢、萊莫也同時向中國進貢。英佔緬甸後，撣邦與緬甸本部分開統治，仍保持土司制度。

第二次世界大戰期間，緬甸在翁山領導下與日本合作，聽命於日本，組織軍隊，攻打英軍。撣邦及其他邊區的土司和人民站在英國一邊與日本為敵。

日本同時把撣邦絕大部分都劃歸泰國，並禁止緬軍進入撣邦山地。撣邦土司自恃在大戰期間對英國有恩，期望英國回報，幫助撣邦獨立。1964年1月27日緬甸獨立，英國承認緬甸擁有撣邦主權。

緬和撣同屬漢藏語系，前者屬羌族支系；後者屬傣語支，相去甚遠，風俗各異。撣邦毗鄰中、泰、寮三國，民族也為三國共有。寮國太弱，感情上，自然而然親近泰族和中國，並且有脫離緬甸的強烈願望。

彬龍協議

二戰後，緬甸獨立。緬甸民族主義者如翁山、吳努，認為撣邦是以前緬甸王國的一部分，要求其併入緬甸國土。

撣邦土司反對。1964年3月，緬族代表翁山在撣邦舉行第一次彬龍（Panglong）會議，邀請撣族、欽族、克欽和克倫族代表參加，討論撣邦前途。

次年1月4日，緬甸臨時政府成立。翁山組織緬甸聯邦。翁山於1974年2月22日，與撣族和克欽、欽族等十二

族領袖,簽訂《彬龍協議》,規定撣邦在緬甸組成聯邦之後十年,有權退出緬甸聯邦,成立獨立的主權國。

獨立後第一任總統由撣邦首府東枝的良瑞(或永貴,Yawnghwe)邦土司蘇瑞泰(Saw Shwe Thaik)出任。蘇瑞泰威望很高,是撣邦土司共主。

繼翁山將軍成立的吳努政府將撣邦土司從八個增至三十三個,成立了撣邦議會(Shan State Legislative Council)。先將撣邦政府的行政官員虛位化,繼又取消撣邦土司統治權,付予贍養費。

1958年1月4日,《彬龍協議》試行十年期滿,撣人提出脫離聯邦和撣邦獨立的要求,緬甸政府置之不理。

青年義勇軍

1950年中國國民黨軍內戰失敗,退入撣邦,戰亂不已,民心思變。

有一位來自中國雲南傣族青年索演達(Saw Yanda),其母親為孟卯地區人,為丈夫遺棄,有一位叫蕭力田的漢人收養了他們。這名青年後來為抬高身分,自稱是雲南傣族土司私生子,改名召諾(Sao Noi)。

他成年後,到緬甸克欽邦、撣邦做小生意。1950年代

中期,他因沒有外國人登記卡而與克欽邦的緬甸移民局發生衝突,被關了一段時間,出獄後,於 1958 年 5 月 21 日在泰國邊境附近的叢林中募集仰光和瓦城(曼德禮)的大學生,秘密成立了第一支撣邦起義軍,叫青年義勇軍(Noom Sirk Harn),舉起叛旗。

當陽起義

1959 年 11 月,原坤沙家丁的佤族波蒙(Bo Mawng)和綠林好漢波德文(Bo Dewing)與青年義勇軍聯合,攻陷緬軍在臘戍之東當陽的軍事要塞。事出倉促,緬甸政府軍措手不及,導致二十六名官兵被殺,十七人受傷。許多撣邦土司和領袖也增援約兩百人。緬軍從臘戍和東枝增援約八百人參與戰鬥,出動飛機、大砲、裝甲車和機械化部隊,經十日苦戰才將起義軍逐出。起義軍最後戰死了四個人。

當陽戰火以燎原之勢蔓延到撣邦各處,一年之內遍及撣邦全域。緬軍武器優勢,叛軍被迫退入叢林,化明為暗,化整為零,分散撣邦各地。緬軍征剿無法奏效。

波蒙帶槍南投索演達。索演達因與大學生不和,波蒙乃與大學生求去。學生與波蒙結盟在泰國邊境於 1964 年 5 月。組建撣邦獨立軍(SSIA),首任主席是龍昆麻哈(Long Khun

Maha）。

婻恨罕

　　撣邦獨立軍與楊家果敢軍合併，演變為撣邦軍（SSA）。

　　撣邦軍的最高機關是撣邦戰爭委員會（SSWC），主席為蘇瑞泰之妻婻恨罕（Nang Hearn Kham）；副主席兼參謀長為召光正（Chao Kon Zoeng）又名莫亨（Mo Heng）；副參謀長賽班（Sai Pan）、昆陶達（Khun Thawda）以及1966年加入的楊振聲。

　　景棟地區有僧人召牙坎（Sao Gnar Kham）領導的撣族軍（SNA）活躍。

　　此後撣邦的局勢如下：散居中、緬邊境者為緬共，北部為撣邦軍，中部為青年義勇軍，東部為撣族軍，佤邦則聽命於波蒙，泰緬邊境歸國民黨殘軍李文煥和段希文支配。

　　1968年以後，撣邦聯合革命軍一分為二，一部加入緬甸共產黨人民軍，為緬共人民軍撣族部隊768旅。1989年後脫離緬共，改稱北部撣邦軍，與軍政府停火後成立撣邦第三特區，分為三個旅，領導人召賽農（Sao Sai Nong）。

召光正

召光正先參加青年義勇軍，後參加白旗緬共。因不滿緬共分土地政策，帶領四百名黨員向緬甸政府投降。1954年末，又潛往泰國邊境的基地參加反緬的青年義勇軍。

1968年，召光正因為逐漸不滿撣邦軍的青年學生領袖的知識分子脾氣，逐步靠向國民黨軍三軍李文煥，從此與李文煥親密合作十八年。

1980年代初起，召光正逐漸疏遠李文煥。後與坤沙展開接觸。1984年初，坤沙繼續擴大他對泰緬的控制，逐步驅逐李文煥的部隊。召光正經談判之後，1985年該部與坤沙的撣聯軍合併，命名為「撣邦聯合革命軍」（SURA），召光正為首。

1984年3月至5月間，坤沙的撣聯軍和召光正的泰土革命理事會（TRC）的聯軍，與李文煥和艾小石的佤族軍在泰國邊境夜奧地區發生了激烈的戰鬥。坤沙和召光正的聯軍戰勝。

1984年撣邦聯合革命軍與撣邦軍第二旅合併，變成泰土革命理事會和泰土革命軍（TRA）。

坤沙與召光正合併之後，實際上泰、緬邊境東自大其力

西達猛邁，共長一百五十英里都在坤沙控制之下。兩軍加在一起，有三千至四千人。

他們在賀蒙簽約，將撣邦革命委員會取消，另外成立撣邦愛國團結委員會，撣邦革命軍與撣聯軍名義上合併，改稱蒙泰軍（MTA 或 Mong Tai Army）。撣語 Mong 義為土地，Tai 即撣族，蒙泰與泰土或撣邦同義。但是他們的指揮部依然分設兩地，召光正駐靠近緬甸邊境，地屬泰國境內的秉龍，坤沙駐賀蒙。當天自由投票，選出坤沙的「六叔」坤相為委員會主席，又於 7 月 4 日以投票方式選舉召光正為撣國第一任總理。蒙泰軍在清邁設有辦事處。

坤沙的外交部長為緬甸獨立那年出生的召昆塞（Sao Khun Sai），曼德禮大學畢業就參加撣邦反抗運動，他一直追隨召光正，召光正與坤沙聯手時，坤沙要人翻譯英語，便請他來，他以後就一直待在賀蒙。

7 月 11 日組織撣國臨時軍政府，法定那天為國慶日，坤相為國家主席，召光正為總理，坤沙為國防部長兼經濟部長。

1993 年 12 月，坤沙自任總統，宣佈成立撣邦共和國。它是公然挑戰緬甸聯邦領土完整，宣佈獨立的兩個民族，另一個是波米亞（Bo Mya）領導的克倫邦「高都麗」（Kawthoolei）。

賀蒙

坤沙的根據地是泰國夜豐頌過界，離泰邊界 38 公里處的賀蒙（Homong）。

賀蒙又稱賀猛、洪孟等，是緬甸撣邦朗科縣朗科鎮區下轄的一個城鎮。賀蒙位於山區，距離萊朗山東北約 15 公里，距離泰國夜豐頌府邊界以西約 5.7 公里。地處薩爾溫江東邊，交通不便，緬甸國防軍勢力難以進入。

1976 年，坤沙豎起「獨立建國」大旗，總部設在撣邦東北部泰緬邊境的賀蒙。他投入人力物力大興土木，用鋼筋水泥建築房屋、辦公樓、倉庫和醫院及旅館、農作物更新研究所、水力發電站和紡織廠和珠寶廠。居民很快擴充至 6,000 人。

1985 年，撣邦 3 支武裝（SSNA、SURA、SUA）合併為撣邦人民聯合軍，1989 年改名為蒙泰軍，軍力達 2.5 萬餘人，民兵近兩萬，繼緬共之後，為金三角地區軍事實力最強的民族武裝。

1991 年 4 月 28 日坤沙正式出面合併各派，撣邦的三十六個土司和二十六種民族各推出一個人民代表，共同組成人民大會，召開第一次人民代表大會。撣族基本上已經統一撣族

軍、撣聯軍、帕奧族軍、佤族軍。它改名為撣邦重建委員會（SSRC），莫亨為國家主席，昆相為國會主席，坤沙為國家第一副主席，佤族軍的麻哈散為國家第四副主席。

1993年12月14日，軍隊總司令坤沙宣佈正式成立「撣邦共和國」，頒佈《撣邦共和國臨時憲法》，首都賀蒙，坤沙兼任總統，集黨、政、軍大權於一身，他致函美國時任總統比爾·克林頓，要求予以承認。信中他承諾如果美國承認其政權，承諾5年內剷除「金三角」地區罌粟，並電告緬甸政府不要進犯。有來自十幾個國家的幾十名外國記者參觀了建國慶典，展示了數十輛載著地對空導彈，拖著125毫米榴彈炮的卡車。

圍攻

1990年以來緬甸軍方已陸續與緬甸各族叛軍達成停火協議，得以專心對付坤沙。同時中共當局亦視坤沙為反共部隊，非除之而後快不可，大力援助佤聯軍（Wa United Army，縮寫WUA），並陸續向緬甸提供價值十億美元的武器，剿滅坤沙。

1993年以來，佤聯軍不斷增加攻擊坤沙兵力，雙方展開了拉鋸戰，互有勝負，各不相讓，緬甸政府多半觀戰。張蘇

泉不把緬政府軍放在眼裡，但對佤聯兵卻敬畏三分。

4月26日坤沙發出總動員令，要他的部隊攻擊緬軍在撣邦各處據點。

5月20日，緬軍發動攻擊，向賀蒙總部採取包抄態勢。泰國全面進入戒備，防止蒙泰軍與緬軍的衝突波及泰境。

1995年底的緬泰邊境，緬政府要員與佤聯軍領導共同籌劃攻打坤沙，提出了在1996年5月前解決的目標。緬政府提供佤聯軍許多援助，不僅彈藥而已，而且在佤聯邦自治等問題上讓步。不久，至1995年12月，佤聯軍應命集結了大約1.4萬人的兵力於撣邦南部，擺出了決戰姿態。緬政府軍也不遑多讓，調集3個作戰師正面進攻。

緬軍發表7月12日攻克蒙泰軍第八個據點。百分之八十以上的蒙泰軍受傷。

至7月止，雙方共打了近二百多場大小戰役，蒙泰軍多處外圍據點被攻占，造成近萬難民逃亡泰國。泰國受到美國的壓力，8月底封鎖夜豐頌與賀蒙之間的道路，並切斷坤沙主要補給路線。

坤沙打算把總部搬到大其力附近。同時，蒙泰軍的原召光正在秉龍的總部也於1994年11月8日至22日之間為緬甸軍攻破。蒙泰軍大其力基地失去之後，緬軍包圍坤沙總部賀蒙。

美國和泰國又在 1994 年至 1996 年聯合進行了「老虎陷阱」行動，逮捕了坤沙手下的 13 名關鍵人物。美國政府也宣佈 200 萬美元的懸賞緝拿坤沙。

1994 年 12 月 27 日，李鵬訪問仰光，提供緬甸四萬枝 AK 四七步槍和八百具降落傘，另出售直升機、裝甲車、步槍、降落傘、巡邏艇等。

1995 年 2 月初，約三百名緬軍越過薩爾溫江，開始包抄賀蒙。事實上，前一年 12 月，數千緬軍已開始封鎖賀蒙對面的薩爾溫江的各個渡口，掐住賀蒙的經濟命脈。緬軍在薩爾溫江與泰緬邊境間也部署了二十個師，兵員一萬。緬甸與撣族各反正的少數民族部隊——三千名佤族、阿卡、克欽、拉祜和崩龍族聯軍對坤沙各基地—大其力、萊朗和賀蒙總部等的攻擊一觸即發。坤沙已勸賀蒙居民撤至泰國邊境，以求自保。

1995 年 3 月 14 日至 28 日為止緬軍向蒙泰軍有過十八次交鋒，緬軍兩星期戰鬥死亡五十人，受傷二百人。緬甸的攻勢是希望獲得美國支援，因美國自一九八八年緬甸當局鎮壓民主運動之後，已停止援助緬甸。據緬甸政府的官方發表，到這時為止，緬軍已攻占了蒙泰軍的四至五個據點，坤沙只剩包括總部在內的三個據點。

自 4 月中旬起，泰國正式宣佈封鎖坤沙賴以補給的清

邁、清萊和夜豐頌三府的邊境。

4月9日約三百緬軍大舉進攻賀蒙總部。

1995年5月10日，蒙泰軍「學生派」領導人昭袞姚（Sao Gunn Yawd），和波德文等，見坤沙力衰，以坤沙偏重漢人張蘇泉為藉口，率領近3,000人出走，參加「撣族軍」。蒙泰軍內訌，坤沙被迫先後辭去「總統」和「總司令」的職務。

坤沙內外交困的形勢下，於1995年11月決定向緬與緬政府談判投降。張蘇泉的11人代表團正式在仰光與政府談判，緬甸政府承諾保障坤沙及其要員安全，擔保坤沙不被引渡到美國，允許其組建一定數量的自衛隊和參與國家建設及開展經貿活動之後，坤沙同意放棄撣邦獨立，允許政府軍進駐其總部賀蒙和全部據點，並向政府交納部分經費。

1996年1月5日，蒙泰軍與緬甸政府正式簽署投降協議。

11月中旬坤沙花了四百萬美元在賀蒙做功德，主辦友誼大會，號召團結，請撣族知名人士參加，特別是求彌補由波德文帶隊出走造成的撣族分裂。

隨後，坤沙聲明，願意向聯合國和歐洲聯盟繳械，但需保證他個人安全。

1996年元旦坤沙突然敞開大門，歡迎約六百名緬軍開入賀蒙。

美國要求緬甸軍政府將他送到美國受審。坤沙與緬甸談

成的協議有十點，其中最重要的一點就是不會把他送去美國受審。所以，緬甸政府對美國的要求引渡不予理會。接著，他與緬方進行困難的密集談判，企圖以投降換取大赦，保留他在這地區的權力。緬甸政府的情報副頭目，也是談判專家喬溫（Kyaw Avin）參加談判。

1月7日，坤沙帶領五千多蒙泰軍，數萬武器，包括九千六百11十件重型武器和八千顆地雷，舉行儀式正式向緬軍代表投降。

緬甸政府的官員已向這些人發放身分證，從此他們是合法公民，可以在緬甸境內自由活動。

1月26日，坤沙手下單方面發表聲明，坤沙不但必要會引渡美國，而且還可以保有原來的一萬名軍隊及寶石和伐木的商業利益。緬甸不干涉坤沙的經濟活動。

2月2日，緬甸政府宣佈已為坤沙選定仰光住所，坤沙也搭了軍方的直升機，從賀蒙直飛到仰光看了新居，並見了隱居多年的奈溫。

不久外電就傳出坤沙仰光最高級住宅區的一棟湖邊豪華別墅中，距離奈溫寓所不遠。他和他的叔叔坤相同住，地點是仰光高級住宅區茵雅湖（Inya Lake）湖畔。他投降後，來回賀蒙有數次，處理未了業務。在緬甸安居之後，他開始設立各種合法的公司，包括玉器、紅寶石工廠，以及郊區的一

家中國貨進口公司和幾家貿易行，儘量將其過去販毒所得合法化。他手下在緬甸泰國交接的大其力購地成立一家進出口貿易中心。前蒙泰軍指揮官員平和坤沙八名親信被派到大其力照料那裡的生意。據泰國情報來源，坤沙在緬甸的投資兩千四百萬美元是取自他在泰國金融機構的存款。接著，坤沙又在湄公河畔設立一個貿易中心，計劃進口華南物資，在緬甸各地出售。

　　坤沙到仰光之後不久，羅星漢同他見面，提了幾點建議，其中一項：「你是一個老人，領著一群傣族小媳婦像什麼樣子。那些傣族小老婆一個也不要留，給她們一些錢，叫她們自己討生活去，如果個個都來找你，你就蹬打（處理）不開。」後來又傳羅星漢說：「坤沙因腦血管堵塞，得了半身不遂，話都講不出來，我從中國昆明找李醫生來給他看病，李醫生是一名腦血管專家。第一個療程很成功，第二個療程時講話的聲音也講不出來，坐也坐不住。李醫生告訴他，現在最要緊的是不能行房事。第三個療程過程中，他的一個小老婆又來了，他不聽醫生的忠告，所以治療上一點進展沒有。第四個療程也是一樣。第五個療程後，李醫生無奈回昆明去了。」

　　泰國中文報紙「世界日報」在 2002 年 2 月 29 日刊登緬甸臘戍雲南會館和雲南同鄉會兩版廣告，另有「果敢民族文

化總會」四分之一版廣告，內容是祝賀果敢民族文化總會「羅星漢主席與張鳳軒女士」金婚紀念。廣告中羅星漢的頭銜是緬甸軍政府顧問和主管少數民族的和平團結委員會主席。賀客列名中有張蘇泉。

2007年10月27日，坤沙病死於家中，享年74歲。

國民黨情報局

李彌為首的國民黨軍來到撣邦之後，仿照雲南的辦法，招募當地漢人組成保安部隊，編為保安師。

首先是單槍匹馬到達撣邦的甫景雲，響應總部猛撒李彌的號召，赤手空拳在蠟戍成立保安第一師（保一師），自任師長，坤沙故鄉萊莫一帶統屬其管轄。蠟戍是聯絡中心，聯絡佤邦和果敢，以及還在雲南活動的李文煥等人。許多國民黨亡命高官包括朱心一等都常在那裡集會，商討反攻策略。

國民黨部隊初至撣邦時，坤沙基於漢人骨肉相連的意識，曾經大力幫忙。坤沙到僻地為這些人徵兵，但是國民黨殘軍，只圖自己發財，尤其保一師、保二師、保三師到果敢時，把老百姓的牛馬全部牽走，使坤沙極度失望。

坤沙當時還沒有中華意識，覺得國民黨軍是在搶奪、騙吃偷竊，無法無天，作威作福，他無能為力，只有屈從。

「（國民黨游擊隊）進來時候拄著小拐棍，穿著草鞋，穿著黑衣裳。到了擺夷山（撣邦），看到人家擺夷山富足，栓了個頭人，罰人家三、五千塊錢，拿去做他們的本錢。從此以後，那些游擊隊就變成騎馬騎騾、開汽車、穿尼龍褲子、穿黑皮鞋。」（《坤沙自傳》）他後來還給段希文、李文煥收稅，為段希文收了一千多條金條，為李文煥也收了數千條金條。連後來當坤沙政治部主任的召戈萊，也被強徵約一汽車的糧食。

坤沙十五歲時實質接管祖父的政治權力，只是因為年未滿十八，還不能繼承祖父的官銜。他認為有責任保護地方青年。他擔心轄內青年被人抓走，不能向他們的父母交代，便自己出面組織一個部隊，使這些人能夠留在本地。他雖然沒有錢，但是有人就有錢。又因為他的部隊太小，不掛靠一個單位的話，屬下的人會被先後來此的各路人馬分批抓走，變得四分五裂。這時正好保一師師長甫景雲來此招兵買馬。坤沙選派了張廷傑與甫景雲聯絡。甫景雲給他一個番號。坤沙派張廷傑和幾個手腳靈活的人去接受國民黨軍幹部訓練。坤沙是官，不必親往。

坤沙在萊莫，勢力不大，因為有了甫景雲給的番號，與國民黨其他部隊算是友軍，可以不接觸，不接待。萊莫經常駐有四、五個國民黨的單位，它們來來去去。有的軍紀好，

有的軍紀壞。萊莫附近的國民黨軍裏面有一個單位的軍紀實在太壞，隨便欺負萊莫人的父母姐妹兄弟，坤沙年輕氣盛，無法忍受，一時氣忿，冒然叫張廷傑等人，用突襲的辦法，沒有經過交鋒，就解除了對方的武裝。坤沙還準備放手大幹，派人通知他的祖父，叫他離開這個危險的地方。他祖父不同意，要他把武器還給人家。他只得從命。被坤沙繳械的部隊也不敢對他祖父採取報復行動，因為那個部隊裡面也在萊莫招募了本地佤族兵。佤族比較強悍，尤其年老的佤族，都還效忠他祖父。如果發生衝突，缺乏地利與人和，未必能打勝仗，他們見武器退回，也不再追究。

但是坤沙覺得，與鬧翻過的人在同一地方時常會見面，很不方便，就帶著委屈的心情離開了家鄉。

許多英文書都說坤沙在國民黨軍中學會買賣鴉片和用槍，此說的肇始者是昭贊良瑞（Chao Tzang Yawnghwe）。美國政府編的《緬甸國家研究》說，坤沙於1960年代初脫離國民黨軍自立。美國人編的《世界黑社會百科全書》的「坤沙」條也說在1960年代，坤沙受美國僱傭打寮共，交換條件是自由買賣鴉片。其根據可能就是指他掛名甫景雲屬下的這一段經歷。打寮共一事可能是把張蘇泉的帳誤掛到坤沙的名下。坤沙結婚後仍然東奔西跑，做馬幫生意。他結交緬軍和緬甸高官，生意愈做愈大，範圍愈來愈廣。

1960 年，坤沙二十六歲時，國民黨軍的政治主任朱心一帶了台灣攝製的電影到撣邦慰勞國民黨軍。片名是《國慶閱兵》和《養鴨人家》。坤沙是小馬幫頭子，對這些電影百看不厭，每當看到蔣介石出現，都要膜拜一番，常常還會感激涕零。因此，朱心一的放映隊走到那裡，坤沙就跟到那裡。可見他當時對國民黨的忠貞程度。坤沙後來告訴替他寫傳記的人說，他生平最欽佩的人之一是蔣介石，可能是肺腑之言。

　　坤沙與我見面時向我提及，他與朱心一的見面地點是在泰緬邊境的萊東基地。當時段希文有喜事慶祝，所以他們同桌吃了一次飯。坤沙和彭家聲、羅星漢、楊振業四人因為勢力很小，想向國民黨掛靠，曾找過朱心一，要他出面在國民黨軍下面另組一部隊。

　　台灣情報局在泰緬邊境格致灣基地 1970 年受美國壓力解散，在泰國監視下，撤出一部分部隊和武器，其餘部分不給屬下的艾小石部隊，而給外圍的坤沙。艾小石是佤人，有佤族意識。佤非漢，非我族類，其心必異。坤沙父親是漢族，父系世世代代以漢族為榮，他有漢名張奇夫，手下大將如張蘇泉和梁仲英都是國民黨現役軍官。台灣撤出部隊是心不甘情不願，總想安插一部分人員，繼續為台灣蒐集情報，與其加入異族艾小石部隊，不如潛伏同族坤沙部隊為宜。坤沙得

了這批美援精密武器,在眾多鴉片部隊中打遍金三角無敵手,一躍而為金三角鴉片王。把他的基地設在清萊附近的滿星疊,美國看不下去,逼迫泰國出兵,裝模作樣將他趕出基地。美國並懸賞三百萬美元捉拿他,逼得他到夜豐頌附近的賀蒙另建基地。坤沙見識有限,「軍師」張蘇泉也不見得高明,大概是張蘇泉向他建議,由他籲請美國幫助他根絕撣邦鴉片,而且講自己裝扮成「自由鬥士」(freedom fighter),與軟禁諾貝爾和平獎得主翁山蘇姬軟禁的緬甸軍政府的暴政公開決裂,宣佈建國(撣國),自任總統,請原來號召撣邦獨立的撣邦元老召光正當總理,大盜波德文當國會議長,粉墨登場,熱鬧非凡。各國記者蜂湧而至賀蒙採訪,一睹廬山真面目,我也是順著那個風潮,到賀蒙訪問了坤沙和他的許多部屬。

撣邦獨立觸犯了緬甸大忌。緬軍與艾小石領導的佤族軍夾擊,坤沙不敵,最後投降,2007 年在仰光壽終正寢。

滿星疊駐有國民黨大陸工作處的站長,是前文屢次提及的國民黨軍將領李黎明。

從 1960 年代至 1970 年代二十年期間,台灣軍方與坤沙有過密切的情報合作。坤沙的長子和二子都到台灣求學或受訓;撣聯軍幹校的朱鴻法、王顯光等也曾來台受訓,台灣軍方將他們比照陸官五十二期畢業,讓他們在澎湖特戰單位服

役實習。台灣在 1978 年本欲裝備坤沙一萬四千名部隊，定名為「雨耕計劃」。張蘇泉一度返台洽商，但為美國偵悉，旋即夭折。坤沙甚為光火，對台灣噴有煩言，台灣一直把坤沙的部隊當作反共華裔游擊隊。例如 1981 年 5 月 4 日起在《台灣新聞報》連載張枝鮮所寫的《異域‧烽火‧壯士魂》就說：目前在泰緬邊區的各路反共華裔游擊自衛隊如三軍（李文煥部）、五軍（雷雨田部）、范明仁部、張啟福部（坤沙）等。美國政府所編的《緬甸國家研究》說，台灣也向包括撣聯軍在內的中國非正規軍團體提供援助。

國民黨當局一直把坤沙當作是強大的反共遊擊隊之一，與三軍、五軍並列。1969 年，台灣當局委坤沙為「華僑協會聯合會」執行委員，補助大同中學。另循華僑回國升學例，由救總編額，僑委會甄試，華僑擔保，以公費入臺讀書。

坤沙創立大同中學，董事長由梁仲英擔任，實際董事事務由副董事長趙夢雲主持。台灣的救災總會曾撥款為大同中學興建宿舍和教室。

大同中學校長是孫斌，他原是國民黨正規軍人，在台灣退伍後來滿星疊主持校務。繼任校長為段曰芬，原是柳元麟無線電通訊組成員。段曰芬赴台之後，又由孫斌接任。大同中學的教材都用台灣教材，學生畢業後，到台灣升學的很多，但是，坤沙和台灣雙方為了避嫌，要求學生以個人名義

向救總申請。

　　這些學生是經過僑務委員會甄選。國民黨救總列出公費生名額。台灣國民黨僑務委員會向台灣的出入境管理局和警備司令部正式報備以後，全部的手續按照華僑回國升學方式，需華僑的商會擔保。學生填好的表格送到台灣的僑務委員會，審查通過，轉到教育部，再由教育部分發學校。他們不用申請入境證，就可以進入台灣。不能赴台者，畢業後到泰國就業。台灣這項政策於 1980 年改變，以泰北學生赴台的泰國護照是這些學生的父母用錢買來的假護照為理由，不准換取台灣的身分證，他們當然也不能回泰國。直到 1995 年，台灣政府特別開恩，才讓他們自首和入籍。

張蘇泉

　　張蘇泉原名書全，後來自行改名蘇泉，有些人誤寫成書權。他於 1926 年生於遼寧省莊和縣，比坤沙年長七歲。滿洲國時代，遼寧叫安東省，國民黨光復的時候，東北劃為九省，有安東省，但與滿州國的安東省不一樣。中共把東北合併為三個省，莊和縣刺歸遼寧省。他的出生地，按國府的地理劃分是安東省莊和縣，按中共的劃分是遼寧省莊和縣。他祖先是滿州人，小時候上學是中文和日文參半。他從滿洲國某軍事班畢業後，以私人身分從韓國去日本。旅日時間很

短。光復的時候，因地方混亂被迫停學而參加軍隊。1945 至 1947 年他又到國民政府軍控制下的四川某軍校受訓，1948 年畢業於成都中央陸軍軍官學校。1949 年雲南省長盧漢叛變投共時，他是李彌第八軍部隊的成員，後來加入李國輝麾下，隨軍入緬，那時他的階級是連長。

李彌在猛撒建立指揮部，朱心一是政治部主任或副主任，地位很高，他們只是認識，沒有直屬關係。張蘇泉做教官，以後做帶隊官，業務上與朱心一的接觸機會很少。他做到警衛團副團長，梁仲英那時是准尉。後來回台灣受訓，在統一軍事人員學籍的政策下，他被劃入黃埔軍校光復第二十期畢業。1960 年，因為他對撣邦的情形熟悉，所以又被派到撣邦去當教官。他是 1960 年在台灣形式上辦了退伍才到撣邦。台灣國民黨當局採用胡璉建議，由台灣組建一支特戰隊前往泰、緬，協同作戰。張蘇泉和梁仲英都是這個特戰隊的成員。他們被派到總部江拉，總指揮是柳元麟，張蘇泉當時是中校，梁仲英則為政工上尉。

張蘇泉在江拉總部當教官一年，柳元麟毫無作為，於 1961 年帶領一部分國民黨軍撤回台灣，張蘇泉和梁仲英帶領約有三百多人，奉命留下潛伏。

張蘇泉等人是散兵游勇，沒有補給，參加呂仁蒙的部隊，前往寮國。

1954 年 7 月 20 日，寮國獨立。1955 年 12 月，美國在永珍設立大使館，以協助寮國政府反共。

中央情報局在寮國的代理人之一是傳教士的兒子威廉·楊（William Young）。他在寮國南羽（Nam Yu）建立了一支游擊隊秘密基地，靠近中、緬、寮三國邊境交界處。

內戰失敗的國民黨殘軍呂人蒙部隊駐紮南羽，威廉·楊招募了其中一些人加入寮國皇家軍（Royal Lao Army）被編成三個連，合起來一個營，叫第 101 特別營（Bataillon Especiale 101，簡稱 BE 101）。

第 101 特別營解散後，國民黨國防部又指示要他們化整為零潛伏，換句話說，要張蘇泉等人加入當地人的部隊。當時撣邦武裝組織不多。張蘇泉調查之後發現漢族以外的部隊程度較差，語言不通，對未來的理想和抱負也不盡相同。他認為，當時緬甸的各少數民族要求民族自治，如果參加當地民族的武裝部隊，輔助一個當地的部隊，讓它發展壯大，幫助他們爭取民族自決，符合當地民族的要求，則比較能取得立足之地。他們這些人有多年軍事素養，教官享有特權，生活會比一般老百顯然好一些，當職業看待，大有發展餘地。他經朋友輾轉介紹，認識坤沙，見過幾次面後，發現坤沙懂漢語，也稍懂漢文。而且坤沙具有領袖的氣質，有魄力，敢做敢為。撣邦當時沒有法律保障，強盜天天又殺又砍。坤沙

心胸寬濶,揮金如土,同時又是愛才如命,有點像《水滸傳》的宋江。而且,坤沙是中國人的後裔,保存濃厚的中國民族主義的觀念,愛護華僑、華人。張蘇泉遂與梁仲英和國民黨官兵約五十人,一齊投奔坤沙。

1962 年,張蘇泉被坤沙聘為教官,因為坤沙需要人來訓練部隊。張蘇泉因為才能傑出,在很短的時間內,就為坤沙所器重,倚為左右手,任命為參謀長,成為坤沙的最得力助手。坤沙的首任參謀長曹大剛也是出身國民黨軍。張蘇泉結婚得晚,對象是撣邦的漢人。1970 年代中期張蘇泉為了子女的教育,將他的太太以難民身分送到台灣定居。當時,他在台灣一直沒有退役。每個月還拿國民黨軍的薪水。她在台灣定居,有了戶口之後,時常回來與夫相會。他們的小孩不少,有些已經大學畢業了,都住台灣,有時到撣邦看他。

張蘇泉自視為撣人,並使用撣名召法朗(Sao Fah Lang)簽署正式文件。我見過「1975 年撣邦軍與撣邦聯合軍和東部撣邦軍的共同提議」的英文文件,撣語「法」(Fah)是天,「朗」(Lang)是雷霆。許多美國人寫文章提到他時稱他為 Thunder Chang。召法朗原為撣邦景棟一民族英雄之名。張蘇泉崇拜其人,取其名而用之。

1996 年 1 月 18 日,隨坤沙投降緬甸政府,在仰光投資房地產並經營如旅店等各種企業有成,2011 年 6 月 3 日在仰光

去世,享年 84 歲。坤沙投降緬甸後,我訪問清萊,見到梁仲英女兒,談起他在台灣讀書時,每月都領到國防部送來的糧食米補助。

梁仲英

梁仲英又名梁震,生於 1929 年生於江蘇省下丕,相貌英俊,風流自賞。他曾參加青年軍,是李國輝舊部。他撤軍至台後,進入台灣鳳山陸軍官校受訓,受過特種作戰及政治作戰的訓練,是黃埔軍校在台復校的第一期學生。不久他又奉命赴緬甸,後來又隨國民黨軍到了寮國。他長於組織謀略,是後來見重於坤沙的原因。梁仲英助坤沙即滿星疊創大同中學,並領董事長銜,副董趙夢雲實主校務,聘國民黨遺軍孫斌為校長,「中國災胞救助總會」為建校舍,教軍士子弟。

坤沙用蘇泉為參謀長,仲英副之。

趙夢雲

1949 年雲南解放,趙夢雲二十多歲,雲南大學法律系未畢業,深知自己地主和惡霸(地方紳士)背景,在劫難逃,立即奔赴緬甸。先在緬北中學任教員,取得緬甸身分證。李彌軍招募,他到猛撒總部任中級軍官。隨軍撤台,居住八年,見沒有前途,申請退伍,返回緬甸,先做茶葉生意,不

賺錢，入羅星漢部隊，任參謀長。羅星漢部隊解散後，改投坤沙，坤沙聞他大名，出手給他1萬美元。他年紀已大，雙腿不行，退役改任文職，為賀蒙宏邦高職董事長。他因有緬甸身分證，可能是國民黨授意回緬從事情報工作，我與他見面幾次，都忘記問他。

國共角力

坤沙是與段希文的三軍和李文煥五軍並列為國民黨編外部隊，背後由台灣的國民黨或明或暗的支持，作為國共內戰的延長賽，這些部隊是蔣介石反攻大陸夢想的催眠劑，等到蔣經國掌權，知道反攻無望，才逐漸放棄泰緬邊境這三股反共勢力的支持。事實上，他們對中共的威脅微不足道，所以中共一直置之不理，直到鄧小平改革開放，實力突然膨脹，中共竣使佤共併吞緬共，繼之又策反彭家聲，終於借助佤共聯合緬軍吞噬坤沙。

坤沙雖死，餘威猶在。政治餘黨不足於威脅中共，只有販毒餘黨危及所扶植金三角經濟特區的經營。

習近平2013年為實施大國外交，發起「一帶一路倡議」，名義上是支助東南亞和中東欠發達國家的經濟發展，事實上是解決中國產能過剩問題，將國內無法銷售的便宜產

品賣給貧窮國家，實質效果是輸出中國統治模式和價值觀。

　　一帶一路在老撾籌建「中老鐵路」，開發「磨憨－磨丁經濟合作區」，金三角經濟特區也是其重要項目之一。

　　金三角經濟特區位於老撾博膠省（Bokeo）東鵬縣（Tonpheung）湄公河畔，是柳元麟雲南人民反共志願軍總部江拉附近，寮國三軍統帥溫・拉迪功搶奪三軍五軍鴉片鴉班關也在附近。它原是一片河邊沼澤地，2007年被中國商人趙偉租借99年，成立金木棉集團（Golden Kings Romans Group），現在借助2013年習近平倡議的一帶一路，已經開發為金碧輝煌的賭場及旅遊勝地。金木棉集團以旅遊立區為戰略，以大旅遊、大農業、物流商貿、輕工業為發展方向。他在這片土地上，建造純中式古典園林建築，龍翔宮，鳳棲樓，曲水綠樹，古色古香，命名荷香亭、攬月亭、聽泉亭、山色亭、曉風亭等。因該特區位於老撾、泰國和緬甸三國交界處，實質上已成為中國殖民地，大搞黃賭毒和詐騙，其經營活動不受老撾法律的管轄。

　　2024年2月5日中國又援助修建博膠（Bokeo）國際機場。該機場是老撾目前第三大機場，也是老撾北部規模最大的現代化機場，便於促進博膠省及周邊國家和地區的旅遊、貿易、金融等產業發展，以及老撾及東南亞都具有深遠的意義。

趙偉起家與紅衛兵出身的小勐拉林明賢（見後）有關。林明賢是中國人民解放軍在金三角所佈下的樁。

趙威在金三角經濟特區的博彩、詐騙等都在第四特區的小勐拉小試過，他在小勐拉經營「藍盾娛樂」賭場，成功後才就在金三角經濟特區大張旗鼓，出資者就是林明賢。林明賢死後，趙威不久失勢，然而金三角經濟特區依然如前運作。

糯康

糯康（Naw Kham）出生在緬甸的臘戌，撣族人。

坤沙投降是 1996 年，坤沙地盤被佤邦聯合軍和南撣邦軍瓜分，糯康集團扎根緬甸國防軍下屬大其力縣，2010 年糯康成為緬甸撣邦大其力縣的一個鄉長，在緬甸依法組織 30 人的民團。他以大其力縣為根據地，開始活躍於緬甸、老撾、泰國邊境交界之處，進一步佔據湄公河流域，對過往船隻船強行徵稅；並以搶劫、綁架、謀殺、敲詐等方式，迫其就範。因有礙中國利益，乃予以通緝。

趙威有中國作靠山，財雄勢大，處處逼迫糯康。糯康也以牙還牙，有一次打劫趙偉接送賭場貴賓的專船勒索 850 萬美元，包括直接搶劫趙偉賭場劫走幾千萬泰銖和若干毒品。

糯康專注於湄公河航行的船隻，接連犯下好幾起大案，襲擊中國政府的巡邏艇，擊沉中國人的貨船，綁架位於老撾境內的金木棉賭場接送客人的郵輪索要贖金。糯康最後幾年的襲擊目標中，中國船隻佔據多數，其中一個主要原因，就是老撾金三角經濟特區金木棉賭場的崛起。在金木棉賭場開張之前，金三角核心區域最風光的賭場當屬緬甸大其力縣的天堂賭場，這家賭場就開在糯康的地盤。金木棉賭場自 2009 年開業後，天堂賭場幾乎再也吸引不到來自中國的賭客，客源和收入大幅減少。糯康極具針對性的綁票，正是為了打壓趙偉及金木棉集團的發展勢頭。

2011 年 5 月，糯康瞄准了為金木棉賭場接送客人的郵輪「湄公河王子號」，綁架了整條船，連同船員在內共 50 人。一位當地的黑幫成員向報紙記者透露，被糯康綁為人質全是金木棉顧客，趙偉為了此後的生意，為此支付了 800 多萬美元贖人。通過泰國清萊的黑幫老大拿到贖金後，糯康還通過手下向外傳話，稱綁架並非為了贖金，而是要給趙偉一點教訓，拿回趙偉所欠的保護費。

糯康的屢次搶劫讓趙偉的賭場生意大受影響，尤其是那次綁架事件後，願意坐船偷渡來賭場的客人少了很多，趙偉的賭場丟掉了很多不願意通過海關留下出境記錄的賭客資源。從此以後，金木棉賭場開始乖乖向糯康繳納保護費。

2011 年 10 月 5 日，兩艘中國商貿船隻在湄公河金三角地區水域遭到劫持，13 名中國籍船員被槍殺。這個轟動一時的「10・5」案，受害者為中國人，涉案者為泰、寮和緬甸等三個一帶一路國家。中共無視其他國家主權，強將犯人移送中國雲南昆明法院審判。這是中共向外展示一帶一路所至國家「長臂管轄」、「雖遠必誅」的最佳例證。

2011 年 10 月 5 日，中國船員在湄公河金三角泰國水域被襲擊殺害。中國警方派人前往緬甸、老撾、泰國，聯合當地警方調查，查明此事系糯康集團所為。中國、緬甸、老撾、泰國四國在湄公河聯合查緝，對糯康進行圍捕。

2012 年 4 月 25 日晚上，糯康在老撾境內被逮捕，並於 5 月 10 日引渡至中國。

2012 年 9 月 20 日上午 9 時 30 分，雲南省昆明市中級人民法院對糯康（緬甸人，死刑）、桑康・乍薩（泰國人，死刑）、依萊（無國籍，死刑）、扎西卡（老撾人，死刑）、扎波（緬甸人，死緩）、扎拖波（緬甸人，有期徒刑八年）等 6 名被告人分別以涉嫌故意殺人罪、運輸毒品罪、綁架罪、劫持船隻罪公開開庭審理。11 月 6 日，糯康在昆明被判處死刑，剝奪政治權利終身，賠償各附帶民事訴訟原告共計人民幣六百萬元。12 月 20 日，二審在雲南省高級人民法院公開開庭審理。12 月 26 日，雲南省高級人民法院作出終審

裁定,駁回上訴,維持原判。

2013年3月1日下午15時左右,糯康與桑康、依萊、扎西卡一起,在昆明被法警押赴刑場,執行注射死刑。

第四章　毒品熱戰

班關之戰

　　1965年3月8日，美軍3,500名登陸越南峴港，7月24日，在越美軍增至12.5萬人，以後逐年增加。美軍出師無名，屢戰屢敗，精神苦悶，大量吸毒，以求緩解。

　　寮國三軍統帥溫・拉迪功（Ouane Rattikone）見機不可失，從香港請來潮州師傅，煉製四號海洛因，與南越官員勾結，向駐越美軍廉價傾銷，吸者日增，海洛因的需求水漲船高。

　　坤沙早年領導的部隊，屬於緬甸政府旗下的自衛隊武裝，當其部擴展至八百人後，取得了緬甸佤邦及撣邦大片土地的控制權。

　　國民黨軍撤台後，緬甸政府認為自衛隊制度已經沒有必要，要求各「自衛隊」自行解散，坤沙不聽命。坤沙在1960年代初期成為金三角最大毒販。

　　1967年初，坤沙差不多把撣邦北部和佤邦的生鴉片通通買光，共16,000公斤。坤沙按當時清邁的生鴉片的批發價計

算，價值約 500,000 美元，可以買 1,000 支卡賓槍，部隊可以從 2,000 人擴充到 3,000 人。這消息很快透過國民黨軍馬俊國的精密通訊系統傳到國民黨駐守在泰緬邊境的三、五軍總部。

6 月坤沙派張蘇泉帶領七百多名士兵，七百多匹騾馬和七十支槍，從佤邦滾弄出發。

同時，駐守滾弄的馬俊國帶著邵敦松先趕到三軍總部唐窩。次日，段希文帶了李登和一小隊保鑣匆忙趕來。李文煥與段希文、馬俊國過去面和心不和，馬俊國見兩人都前來移樽就教，不免感動。邵敦松先報告他的情報，並說，坤沙通過他的領地時拒付關卡稅。他因眾寡懸殊，不敢攔截。

他們認為坤沙是向他們十五年來在撣邦的鴉片霸權挑戰，而且如果坤沙軍擴充到三千人時，則與他們聯軍的三千二百人不分上下了，他們決定由段希文任總指揮，組織一千四百人聯軍，帶無後座力砲，準備一舉殲滅坤沙。

緬甸政府發給坤沙運輸鴉片的通行證。運輸部隊一部分的路程是公路，可以使用車輛。他的騾馬大商隊馱著沉重鴉片，在雨季的泥濘中緩緩南行，從丹陽等地來的小商團，也陸續加入，行列愈來愈大，到景棟時，沿山脊行進，一字長蛇，長達一英里以上。

段希文派楊新植帶了八百人到景棟市之東圍擊張蘇泉軍

的主力，坤沙的後援軍趕到，鴉片安全脫圍，抵達緬、泰、寮三國交界湄公河岸的寮境小村莊班關（Ban Khwan）。

現在泰國境內掛「金三角」牌坊正中間的湄公河的那邊寮國土地就是班關，目前已由中共一帶一路項目資助趙偉金木棉公司擴大發展為「金三角經濟特區」。

蘇泉通知班關小學校長將有戰事。校長一邊報告駐在不遠處的寮軍，一邊協助當地二十餘家的村民將所有財物搬過湄公河，避入泰境。

班關是從森林清理出來的荒村，只有幾間「干欄」（東南亞地區的脫離地面的高架建築）和彎曲的泥沙小徑。

鋸木廠是唯一較大的空地，露天儲木場將森林分成兩半，旁邊有砂土河岸直通湄公河。張蘇泉決定堅守鋸木廠。他利用木材築成圓形的擋牆，同時派出馬隊到鄰村，尋找船隻。

6月26日，段希文率兵趕到鋸木廠，兩軍展開遭遇戰。坤沙電令他留守各地部隊，原地不動。段希文又令美斯樂加派數百名援軍，於29日兩面夾攻張蘇泉的防寨。雙方都出動〇五〇口徑機關槍、六〇毫米迫擊砲和五十七毫米無後座力來福槍，戰事非常激烈。砲聲隆隆，聲聞數里，激戰四日。

寮國的溫・拉迪功先是倉皇失措，終於決定扮演堅決保衛國土的愛國者角色，翻臉不認人，徵得首相富馬（Souvans

Phounma）親王同意，於 6 月 30 日中午十二時正，親自指揮，從瑯勃拉邦（Luang Prabang）調了六架 T 二十八螺旋槳戰鬥機，用五百磅重的炸彈和機槍，不分彼此，向雙方轟炸和掃射，前後五天，一天至少兩次。

在泰國境內實施攻擊，會引發泰國反彈。溫‧拉迪功希望雙方離開寮境，先用飛機投燒夷彈進行威脅。

溫‧拉迪功的第二傘兵營開到班關，採取了杜截姿態。兩艘水上船—坦克船（tank boat）在湄公河上游，即現在「金三角」牌坊可以看到的對面的三國交界的沙洲附近巡邏。兩個正規步兵營在上游堵住唯一可以逃走的馬幫小徑。段希文眼看不行，電請李文煥換人指揮，李文煥沒有答應。張蘇泉耐不住重複被炸，下令撤退，七百名士兵擠上河邊的船隻，過河退入緬境。

張蘇泉本人負傷，重型武器和一萬六千公斤的鴉片都為清理戰場的第二傘兵營收走，交給溫‧拉迪功。

段希文見無船渡河，只得沿河北逃，因不願放棄輜重，才跑六英里，就為南下的寮國兩營步兵切斷退路，陷入包圍。經過兩個星期的談判，段希文付了七千五百美元贖金，才得以回到泰緬邊境美斯樂總部。

根據泰國警方報告，8 月 19 日約有七百名國民黨兵留下七十具屍首、二十四架機關槍和若干死騾，渡過湄公河進

入泰國。泰國警察經過解除武裝的手續，乘坐一八輛包租巴士，連同三百支卡賓槍、七十架機關槍和兩支無後座力來福槍駛往美斯樂。

坤沙說，這次戰爭，他的軍隊負傷七十四名，陣亡四十七名。段希文兵傷亡更多，負傷三百餘，陣亡一百七十餘。坤沙認為這次的失敗是他最痛心的事。戰後，班關村民從湄公河回去，發現只燒毀六間房屋，別無重大損失。溫·拉迪功與第二傘兵營的官兵平分鴉片，據說每一個兵得到的錢足夠在永珍城外建一座簡單的房子。

溫·拉迪功是最大的贏家，他不只從李文煥等人手中搶來鴉片進入寮國的收稅權。他本人也成了金三角鴉片的新霸主，他在回寨的五家海洛因廠提煉的海洛因，源源不絕地供應數十萬越戰美軍的需要。

李文煥和段希文依然故我。坤沙是唯一向他們的鴉片霸權挑戰而最終失敗的例子。

不過，這次戰爭使泰國政府在國際上的面子極為難堪。從此把國民黨軍的營地納入皇家泰軍，即泰國國防部的管制之下。

坤沙是最大的輸家，損失了 50 萬美元的投資。他留在泰境附近山中，準備復仇。久候之後，見機會渺茫，才決決回到臘戍。經此打擊，聲望急劇下降，部下紛紛求去，1968 年

末他的軍隊只剩一千人不到。

這次戰爭是當時世界各報的頭條新聞，事後至少有法文書和英文書詳述其原委。英文書就是 1972 年出版，由馬科伊（Alfred W. McCoy）撰寫的《東南亞的海洛因政治》（The Politics of Heroin in Southeast Asia）。馬科伊聲稱，美國中情局促成東南亞鴉片增產。書出之後，作者受到中情局騷擾，反而使他名氣大增，書也大暢銷。越戰時青年反戰情緒高昂。反美國越戰政策以及反中情局的許多左派時髦青年都讀過這本書。該書有一章提到張奇夫，也對班關之戰有詳細描寫。不過他連張奇夫另有一個更響亮的名字坤沙卻付闕如。

馬科伊取材大多是寮國方面，他曾深入苗族地區。他也見了一些李彌的部下。但是，兩個最關鍵的人物──坤沙和李文煥──他都沒有見到。他後來到澳洲的大學教書，繼續研究澳洲的毒品問題。回美，在威斯康辛大學（陌地生分校）教書，後來將他的那本書增訂，約增加了四分之一的材料，並改名為《海洛因政治，中情局參與全球毒品貿易》，張奇夫名字則一律改為坤沙。

段希文和李文煥的聯合部隊，又在撣邦中部江邊那卡，搶劫坤沙部隊所護送的雜貨馬幫。坤沙損失慘重，雙方傷亡很多。段希文的第五軍在他總部美斯樂附近的滿星疊、回鷗一帶設立關卡，收坤沙走私入泰國境內出售的玉石稅。

坤沙不得已，另在唐窩附近開闢一條玉石走私路線，李文煥又在那裡設卡收稅。當時段希文和李文煥把持了泰緬邊境差不多所有的走私路線。

　　溫‧拉迪功憑藉大量沒收的鴉片，以及他新獲得的鴉片運輸控制權，改進提煉海洛英技術。1967年鴉片戰爭期間，他們正在研製嗎啡鹼；其中一些提煉可供鼻吸的3號地球海洛因。戰爭後的兩年內，生產了高度精純的4號雙獅地球標海洛因。溫‧拉迪功的產品不僅限於此前的亞洲市場，已可以走私到美國和歐洲銷售，其中最重要的是他向越南戰爭中的美軍提供了可供注射的海洛因。

　　溫‧拉迪功於1971年9月1日在永珍接受馬科伊的訪問時，承認他於1962年初負責安排進口緬甸鴉片。長居金三角協助國民黨軍的美國中央情報局譯員威廉‧楊（William Young）又告訴馬科伊說，溫‧拉迪功透過回寮的秘密軍的司令同金三角地區中情局所偏傭的撣族領袖，在數月之後第一次運來緬甸鴉片。從1955年到1960年間，美國對寮國援助三億一千萬美元，其中大部分是軍援，其支配權主要操在中情局手裡。中情局以援為名裝備和訓練寮國軍隊，因為寮國人不願看到兄弟相殘，故鬥志很低，所以美國人僱用國民黨殘軍。寮國戰局是幾個親王之間的戰爭。與民主和共產的意識形態關係不大。總理是富馬親王，寮共是其兄蘇法努旺

（Souphanouvong）親王，後來停火，蘇法努旺入閣，出任計劃部長，1958 年的普選中，二十一席的國會議員有十一席是寮共，美國一怒之下停止美援。同時支持反共將軍溫・拉迪功發動兵變，寮共一營人被圍，蘇法努旺親王被捕下獄。富馬親王出亡，美國擁立歐莫（Boun Oum Na Champassak）親王。歐莫無能，一切由溫・拉迪功作主。後來蘇法努旺親王出逃，寮國內戰死灰復燃。越戰不僅刺激寮國北部鴉片增產，更刺激其擴大出口。

寮國北部的桑怒（Xam Nua）、豐沙里（Phongsaly）、孟信（Mueang Sing）、南大（Namta）、沙耶武里（Sayaboury）和會曬（Houayxay）等地是當地所住華人所管理的鴉片貿易中心。春天鴉片收穫季節，華商用騾馬滿載鹽、線、鐵塊、銀元和其他零零碎碎的東西，到附近的山區和山民交換生鴉片，運回城市，接著法國科西嘉黑手黨用包機飛到這些城市收購鴉片，運回豐沙灣（Phonsavan）或永珍，以待西貢、新加坡或印尼的買家。

第二次鴉片戰爭

羅星漢祖籍江西，明朝將領後裔，於 1935 年生於果敢東部大竹箐村。在新城接受教育。中學畢業後，他在楊家土司

衙門任職，最初時，任一個低下的職位。楊金秀執政時，是她手下的勤務員，協助運輸鴉片。後來，由楊金秀特許，開設自營猛洞（鴉片）公司，利潤歸己。

1960 年代，果敢原土司楊振材反抗以緬族為主的緬甸軍政府，組織果敢革命軍。羅星漢由緬甸軍政府授意，於 1965 年組建反對楊家果敢革命軍的果敢自衛隊。隨後果敢自衛隊發展成一個強大組織。全盛時期有 1,600 人。平時，幫助緬甸軍隊收集各種情報；戰時，刺探軍事情報，並充當緬軍與果敢居民之間的橋樑。維持如此龐大組織每月需要 60 萬緬幣或大約 1 萬美元的開支。因此，果敢自衛隊的頭領，在緬軍特准之下，每 3 個月要往返泰國一次，每次僱用 50－80 輛大車及 100 多匹騾子組成的馬幫，運送一切可賣的貨物，包括珠寶、玉石、古董和最賺錢的毒品。

1965 年，羅星漢的軍隊擊潰楊振聲的果敢革命軍，後者退入泰國，緬甸軍政府控制果敢。在緬甸政府扶持下，羅星漢的鴉片生意愈做愈大，逐漸取代國民黨三、五軍的地位。奈溫任命羅星漢為果敢縣人民政府主席，給與經營海洛英毒品生意的特許權。

羅星漢後來與緬甸政府不合，帶了他的參謀長趙夢雲和能征慣戰的八百軍隊和精良武器上山打游擊，並把剩餘鴉片和在大其力的海洛因工廠設備裝運，開始向西南方移動。他

同時也招兵買馬，號召共同反對緬甸政府。

羅星漢除了兵強馬壯之外，擅長在敵對團體間誘之以利，迫之以勢，談條件，分地盤，擺平彼此關係，排難解紛，由於他與撣邦軍和泰國都保持最好關係，意在緬甸政府和緬共之外，建立與分庭抗禮的第三勢力。

羅星漢與撣邦軍聯繫，撣邦軍的領袖們開始有些猶疑，經內部討論之後，認為以羅星漢在 1972 年起被西方媒體封為金三角鴉片王的名氣一定可以喚起國際對撣邦人民苦難和他們解放事業的注意。

羅星漢在數月之內，又招募了好幾個前來投誠的其他自衛隊單位。他此時的部隊，除了原有的自衛隊外，還包括三個英勇善戰的佤族部隊和撣邦叛軍各單位的敗兵殘將，約有 3,000 之眾。

羅星漢還得到泰、緬邊境原拉祜族自衛隊布宗龍的大力保證，這位拉祜族的大巫師也因緬軍取消自衛隊制度，揭竿而起，自言可以動員 1,000 人，必要時可以號召 7,000 人。

羅星漢以臘戍（Lashio）為中心，擁數千匹騾馬，自建海洛英廠和多間儲存倉庫。他在英國 ATV 電視公司製片家阿德利安・科威爾（Adrian Cowell）攝影機前承認他一年大約經手一百八十噸鴉片。他一年兩次將其運至泰緬邊境，利潤達六、七百萬美元之譜，自稱佔金三角全部總利潤的百分之

五十。

　　1973年，羅星漢在果敢鴉片收成後，在臘戌分裝幾十部軍車，借助緬甸發出的特別通行證，車上有軍人押運貨物。車隊出發前，羅星漢通知手下準備600多匹騾馬，1,500多人全副武裝，整裝待發。貨物沈重，緩緩而行。

　　坤沙見途中劫收是筆好買賣，早在臘戌佈置暗探，打探消息。

　　坤沙的軍師張蘇泉在途中設伏，等羅星漢的鴉片運輸隊經過時，突然下手；另一方面他也故布疑陣，假裝派兵去打緬軍，事實上是等待羅星漢上鉤。坤沙也抓了羅星漢的人拷問羅星漢是否改道。張蘇泉以中文電報聯絡。張蘇泉的暗探足足跟蹤了一個半月。羅星漢的運輸隊終於到達丹陽與萊色之間。

　　羅星漢自己親自押送這數十噸鴉片。運貨軍車到達距東枝（Taunggyi）十多公里的山村，總隊長指揮手下將鴉片裝上騾馬，休息三天後，匆忙趕運泰國邊境城鎮美塞。

　　羅星漢派出數十名偵探帶剛從泰國買回的美國無線電台，先行探路。幾百里外山區，清楚前方傳來的加碼密語。

　　張蘇泉先發動輕微攻擊，將羅星漢逼入陷阱。

　　離美塞交貨地點還不到一日路程，走在馬幫前面的警衛小組中了埋伏，零星槍聲傳過來，緊接著傳過來密集槍炮

聲，羅星漢馬上命令部隊護住馬幫，他才發覺自己遇到勁敵——坤沙的參謀長張蘇泉。

戰鬥異常激烈，羅星漢親自指揮幾門無後座力炮猛轟對方主陣地，戰鬥從下午一直打到太陽下山。張蘇泉連夜調動精銳兵力，迂回摸到羅星漢背後。

天亮，戰鬥再度開始，羅星漢指揮所有的新式美製武器全部用上，左衝右突，衝不開天羅地網。除了朝向泰國的一面，其他三面，只要羅星漢的自衛隊衝鋒一開始，張蘇泉的部下馬上就撤退，當衝鋒剛停止，張蘇泉的人馬又圍了上來，人馬死傷兩百多人，羅星漢部隊士氣逐漸低落，彈藥短缺。到第三天，羅星漢且戰且走，退入山谷之後，張蘇泉用大砲炸斷馬路，使卡車無法駛入支援。

張蘇泉軍居高臨下，完全居優勢，戰鬥約進行半小時，羅星漢敗陣。入夜，兩軍休戰。清晨，張蘇泉軍全力進攻，數小時後，羅星漢忍痛扔下鴉片撤退。這次戰爭死亡一百多人，張蘇泉軍傷亡二十餘人。

張蘇泉軍的搶貨行動立即開始。這次行動使張蘇泉的聲威大振。

戰爭整個過程，由阿德利安‧科威爾和攝影師克利斯‧孟格斯（Chris Menges）經張蘇泉協助，實地攝影。經剪輯後，這部紀錄片《默默無聞的戰爭》（The Unknown War）在

紐約、香港及其他地區的影展中都得了頭獎，贏得全世界的讚譽。我看到的這部影片是張蘇泉本人送給我的拷貝。

羅星漢於敗仗後，接受科威爾訪問，在攝影機前現身說法，提議由他協助美國或任何其他有關政府搜購撣邦全部的鴉片，以免被罪犯製成海洛因，危害世界。他的訴求雖然沒有打動美國，但是他的聲名通過這部影片卻傳遍全世界。

1973年4月初緬甸政府正式下達命令，令羅星漢部全部返回臘戌營地，並指派正在東枝的羅星漢弟弟羅星明勸說羅星漢執行政府的命令。羅星明無功而返，緬政將羅星漢在臘戌指揮部130名留守人員遣散，並收繳了軍營全部裝備設施。

羅星漢宣佈公開反緬。5月，緬甸出動兵力有3萬人，動用了飛機，羅星漢不敵，被趕到緬泰邊境地區，將其餘部1,000多人改名「撣邦同盟軍」。

緬軍續出動飛機、大炮、炸彈，戰鬥打了不到三天，羅星漢只有率自衛隊退入泰國北部邊境地區。

泰國政府在美國協調下與緬甸政府軍達成了默契，在泰國一方切斷羅星漢退路，也出動軍警一萬多人夾擊。

羅星漢總指揮部很快失守，最後僅剩下100多人，逃進泰國清萊府的邊境孟班地區，李文煥等毒品買賣的對手不斷向泰國警察通風報信，密報羅星漢的行止。羅星漢在猛邁附

近留下一千五百多人的撣、佤和果敢華人的混合部隊，自帶七十名手持自動武器的部下從緬境的猛邁進入泰國。羅星漢是在收到撣邦軍首領索演達（Saw Yanda）的長電報之後離開猛邁，電報內容是他與泰國當局談妥，讓羅星漢自由進入泰國。羅星漢和他的部下過了泰國邊界，立即到夜豐頌府境內的一個小邊警站去報到。他們在那裡碰到二十幾個泰國邊警。邊警見是他，就神色不定地開始同他談判。他與邊警談了一陣子之後，又隨這些邊警到梅林鎮去辦理一件很簡單的手續。

羅星漢一到那裡便連同翻譯一起被正式逮捕，罪名是非法入境。但是，羅星漢還是偷送了兩封信給他的部下，叫他們不要輕舉妄動，因為他還是相信不會出事。沒隔多久，羅星漢突然被迅速送到達拉臘詩梅的泰國邊警營，隨即用警察直升機運往曼谷。時為1973年7月17日。

7月16日，泰國政府一名軍官乘坐直升飛機到來，問羅星漢今後作何打算？羅星漢當即表示要居住泰國，並提出了要求，泰國軍官表示將請示後答覆。

次日，又一架直升飛機抵達，從飛機下來十幾名泰國軍警，其中包括前度來過的泰國軍官，他們請羅星漢到清邁府去洽談。他登上泰國直升飛機而去。

17日下午，泰國政府發言人向全世界宣佈：鴉片將軍羅

星漢已被正式逮捕,並以專機送到曼谷監獄關押。

8月2日,在美國的協調下,緬甸政府通過外交途徑引渡羅星漢回緬甸受審,經過兩年多時間,緬甸最高法院以「叛國、販毒、破壞國家經濟政策」罪名,叛處羅星漢死刑,隨後改為有期徒刑。

這次戰爭,法國冒險女作家凱薩琳・拉摩(Catherine Lamour)和密歇爾・蘭博提(Michel Lamberti)著有《鴉片大謀略》(Les Grandes Manoeuvres de L'opium),敘述最為詳盡,英譯本改名為《第二次鴉片戰爭》(The Second Opium War)。第一次鴉片戰爭指的是1839至1842年的中英鴉片戰爭。

阿德利安・科威爾在羅星漢被捕前十天,還與羅星漢一起吃晚飯,並做了錄影。席上他聽到羅星漢與他的部下談到直升機的事。科威爾在1975年的美國國會聽證會上作證說:就我的理解,羅星漢從緬甸境內與我分手跨界進入泰國,因為有一個緬甸軍的小股部隊追上來了。這是游擊隊的慣常做法。他帶了兩百人到了班通村,那裡停了一架直升機,裡面是一位泰國警察或警官之類。他與羅星漢密談了一陣,羅星漢自願進入那架直升機的。

現在還不知道他為什麼一定要這樣做。但是有人認為,他相信是來同美國大使館談判;他十天前才託我交給美國大

使館第二批撣邦提案。有人也認為,他是被騙上直升機,防他洩露與他合夥做鴉片買賣或合夥借道泰國運送鴉片的泰國軍隊司令官的名字。

逮捕羅星漢嚴重破壞了亞洲的毒品走私網,使全世界的毒品價格暴漲。新聞和雜誌大肆報導這個事件,《時代雜誌》說,它是緬甸、泰國、美國當局「稀有合作表現」。

羅星漢先在曼谷坐監,然後很快地與賽克萊一同遞解仰光,關入監牢,據說是怕他洩露泰國參與毒品貿易的高官名單。雖然當時奈溫政府已頒佈販毒死刑的法律,但他於1974年被判處死刑並不是因為鴉片走私罪,而是陰謀叛國,指他勾結撣邦軍。賽克萊則被判以較輕的刑。

羅星漢在審判席上招認從1967年至1972年,他的組織共走私了八十三噸生鴉片到泰國和緬甸的海洛因廠。他又在席上舉出奈溫軍政府的許多高官和軍官與他勾結,或接受他的供養或紅包。有些人牽連被捕,最後不了了之。仰光在羅星漢能夠向外界透露緬甸政府在1969年至1973年之間參與鴉片出口之前被捕,抓了他等於把秘密封閉,使其不曝光。

他在審判席前透露他與國民黨在撣邦北部丹陽附近萊色基地的情報人員有關係。直到1967年為止,中緬邊境還有單引擎的飛機空降毛毯、電晶體收音機、玩具和宣傳台灣進步情形的散頁傳單。事實上,中華民國國防部的情報人員,以

大陸工作小組的名義,一直在撣邦內部活動,有時利用像羅星漢這種與緬共對抗多年的人來當代理人。果敢因為華裔住區,是偵聽大陸情報的理想地點。羅星漢被抓之後,他的部隊由他的弟弟羅星民接管。羅星民從朦戎來到猛邁,他擅長外交,又懂經濟。雖然他認為撣邦軍的人出賣了羅星漢,但還是打了撣邦軍的旗號,自稱撣邦軍第二師。他為了報仇,大舉進軍撣邦軍的南部基地,即賀蒙一帶。撣邦軍必須費盡全力來抵抗羅家軍(也就是第二師)的進襲。但是畢竟主將不在,力量大減。羅星漢被正式判處死刑,坐了七年牢,才被大赦出獄。

1966年,楊振業獲釋回果敢,與彭家聲聯手。羅星漢配合緬軍。果敢本土三分天下,羅星漢代表緬軍,彭家聲代表緬共,楊振業代表楊土司家勢力,互爭霸權。

1967年初,楊振業也投降緬甸,緬軍與楊振聲合力擊敗彭家聲,彭家聲遁入中國境內。

1968年1月1日,彭家聲向緬甸政府軍發動進攻。彭家聲借助中共之力,以緬共名義,打回果敢。

1981年1月,羅星漢當選為緬軍控制的臘戍「果敢文化會」主席。

2013年7月6日羅星漢因心臟衰竭於仰光住家病逝。

滿星疊之役

滿星疊是 Ban Hinteh 的譯音，Ban 泰文為村莊，Hinteh 為石頭炸，指這地方酷熱，連石頭都會曬炸。它原是人煙荒蕪、猛獸成群的地方。

滿星疊居泰緬邊境是走私孔道。李彌部下李國輝的部隊到過此處。

坤沙的鴉片在滿星疊被波德文和李文煥聯合劫去。滿星疊是坤沙的補給基地，他將它視為儲存補給品和商品的倉庫。

坤沙被緬軍誘捕入獄，張蘇泉將軍隊總部總部遷移至滿星疊，蘇聯人質就在滿星疊山後的邊界點交給泰國的堅塞將軍。坤沙被釋出獄出逃，立即趕到此處。

滿星疊山環水抱，美麗清幽的盆地，經建設後，水電俱全，大同中學辦得有聲有色，別墅旅館相繼出籠。居民 2,000 餘人，除大部分是華人外，還有擺、阿卡及其他少數民族。撣聯軍的高級幹部都居住此地。

1982 年 1 月 20 日是張蘇泉的生日。泰國邊警偵知，當晚坤沙和他的重要幹部都會來別墅為張蘇泉祝壽，企圖將他們一網打盡。那段期間坤沙進進出出，大部分時間不在滿星

疊。壽宴當天坤沙沒有出席,重要幹部也於宴後離去。

21日一時二十分,泰國從南部調來了部隊和僱傭軍,八個連,約八百人,十餘架武裝直升機、偵察機和轟炸機,由昭華利(Chawalit Yongjaiyu)將軍向滿星疊突襲,目標就是張蘇泉的山麓別墅。泰國不派其北部駐軍,是擔心他們走漏消息。別墅被包圍之後,泰軍大聲喊話,叫裡面的人出來投降。裡面的人不但不理,還有人反擊,揭開戰鬥序幕。

村民呼男喚女,扶老攜幼,倉皇逃命。槍戰從早上十點開始,滿星疊的撣聯軍守軍只有十餘人,但是老百姓中有一百多名休假在家的軍人,每一個人都有戰鬥經驗。

撣聯軍穿便衣從家裡跑出來,手裡既沒有拿槍,泰軍以為是平民,沒有開槍打他們。但是他們跑到補給倉庫,槍拿出來之後,找到據點,開始反擊。一百多人分成十幾處,有些地方是七、八個人,五、六個人,十多個人。撣聯軍彈藥充足,分散各處射擊,以一當百,泰軍不知虛實,誤認為撣聯軍眾多,只包圍別墅放槍,不敢冒然衝入。泰國邊警飛機只能高來高去,向學生宿舍投彈。

趙夢雲因事到美塞,聽到戰爭消息,立即趕回滿星疊。

六時左右,天還沒有全黑,一輛裝甲車開過校門,機槍噴火,向四周民宅掃射,使不少躲在家中的人受傷,一個撣族老人當場死亡。張蘇泉和警衛隊長張學寬這時已和泰軍僵

持了 9 個小時。偵察機四處搜尋，不時投下照明彈，把山野照得如同白晝。

　　到了晚上，張蘇泉的衛隊把包圍的泰軍打開一個缺口，帶了從人，乘黑從那缺口脫出重圍，退入森林。他們經過泰國邊警面前，近得可以聽清邊警的細語，但是邊警不知撣聯軍的人數，擔心寡不敵眾，不敢開槍。大家看到張蘇泉退了，其他的兵也跟著撤退。邊警因晚上地形不熟，不敢追趕。撣聯軍人數很少，熟悉地形，分散撤退，很快撤完，傷亡不多。

　　滿星疊離開緬甸邊境有好多條普通的小路。邊界犬牙交錯。坤沙各處基地都有無線電，一打仗，坤沙馬上知道。到了下午，尚未看到張蘇泉出來，才派人接應。接應的人還沒有到滿星疊，張蘇泉已經出現。

　　槍砲聲一直響到午夜三時許，才歸於沉寂。

　　泰國政府隨即請各國記者前往滿星疊參觀戰果。據泰國發表他們虜獲的十五噸武器，包括五萬發子彈、七百支來福槍和手槍、兩百架無線電話、二十五個擲彈筒、三百顆手榴彈和五萬三千發子彈，一百個病床的醫院、一家妓院、彩色電視機，有游泳池的豪華別墅。

　　撣聯軍參謀部關於這次戰爭的正式記錄是：「我方陣亡十五人，傷二十人，損失巨額物資。百姓死二人，傷三人。

百姓損失物資數百萬銖。」

　　戰爭結束之後，坤沙在曼谷的房子被泰國政府沒收了。滿星疊也被泰國政府改名為崇泰村（Ban Theuat Tai），取尊崇泰國之意。

萊朗之戰

　　泰緬邊境處處都是鴉片走私孔道。泰國塔通（Thaton）至芳縣（Fang）一段稱萊朗（Doi Lang）山區，是戰略要道。

　　1985年，趙益來和艾小石帶領的佤聯軍與坤沙的蒙泰軍在此大打出手。

　　佤聯軍人馬在1991年時已有二萬五千人，控制許多走私孔道。

　　坤沙本來不想與佤聯軍衝突，希望說服與他們和平相處。

　　但是因為1978年，繼反政府的全國民主陣線與緬共的軍事和約之後，麻哈散帶領佤族軍（Wa National Army），與李文煥聯盟，為李文煥把守通往薩爾溫江的馬幫道，而得罪坤沙。為此，他於心有愧，親自到坤沙那裡談判，見到坤沙軍中服役的親弟弟麻哈佤（Mahatwar）。

　　不久，梁仲英出兵趕走麻哈散。艾小石佤族軍，在安康山附近的撣邦進步黨和克欽獨立組織軍隊的協助下，膨脹

迅速。

　　屬於緬共第六大隊的果敢緬甸民族民主陣線數百人，前來泰緬邊境，支援艾小石，攻打緬軍和泰土革命委員會，艾小石如虎添翼。佤聯軍立即派出小股武裝，前往北部擴大影響力，帶回了一些兵員。

　　1984年3月7日緬軍北方軍區司令艾散（Aye San）將軍與坤沙在猛東見面，要求坤沙當緬北後院的守門人，提議如坤沙能控制撣邦各派叛軍，緬甸將不干預坤沙的毒品貿易。

　　1986年，撣聯軍西面有緬甸政府軍，東南面有緬共，南面有泰國邊防軍，國民黨三軍和五軍也虎視眈眈。張蘇泉在萊朗駐守，建造堅固鋼筋水泥工事。他的野戰部隊有八千人，民兵有七千人，並請來大批台灣軍事教官，在萊朗辦參謀軍官班。

　　1989年5月末，坤沙為了擴充地盤，趁緬共武裝正在鬧分裂、佤邦聯合軍軍心未穩之際，集結優勢兵力突然進攻佤聯軍駐守在南部683地區和萊朗地區的部隊，企圖將其一舉趕出南部地區。戰爭開始之初，坤沙得勝。

　　1990年5月8日佤聯軍趁虛而入。向坤沙開始攻擊。到1993年12月坤沙宣佈獨立建國的時候，引起了緬甸政府的重視，佤、緬聯合，開始猛烈攻擊坤沙陣地。

　　坤沙在兩面受敵之下，最終於1996年1月5日向緬甸

政府軍投降，從而使佤聯軍一躍成為緬甸國內最大的地方武裝。

佤邦將原來在南部的根據地和從坤沙手中奪得的大片土地合稱為──佤邦南部地區。總面積約為 1.3 萬平方公里，總人口約 25 萬（佤邦政府公佈的數字）。

1996 年，佤聯軍戰勝坤沙集團以後，控制了原屬於坤沙的位於泰緬邊境。在這場衝突中，佤邦軍隊在以魏塞棠為首的獨立團部隊主攻下成功佔領了靠近泰國邊境地區景棟南北兩片不相連貫的領土。

1999 年 10 月起，佤邦大規模向南佤移民，稱為南遷計劃，是以激烈手段進行禁毒、遷村。計畫移民 40 萬人，將北佤山區曾經種植罌粟的農民逐批遷移到南方適合種植水稻、橡膠、茶葉等經濟作物的地區，不再種植罌粟。

第五章　佤邦

佤族

　　台灣起源的南島族，離開大洋上的島嶼，向西移動的一支，首先在東南亞登陸的是柬埔寨的高棉族，往西移到寮國成為寮聽族（Lao Theung）和老松族（Lao Soung），續往西移撣邦的是佤族。佤語與高棉語屬於同一語族。

　　佤族與台灣的南島族的原住民仍有許多共同的習俗，如祭龍（拜蛇）、貫頭衣、紋身、住干欄屋、獵頭、穿耳、黑布伙紅布纏頭、赤腳、帶刀、善歌舞等。

　　佤族住雲南和撣邦的阿佤山（Haktiex Paraog 或 Haktiex Vax），古稱野人地、卡瓦山、哈瓦地區。卡瓦原為擺夷對佤族的名稱，卡在傣語意為奴隸。1940 年國民黨政府「訓令渝字第八五五號」，《抄發改正西南少數民族命名表》，創「佧佤」二新字取代卡瓦。

　　19 世紀時，阿佤山區分為南北兩部分，北部「葫蘆地」由俗稱葫蘆王的佤族頭人部落管理，歸耿馬土司管轄；南部「莽冷地」，屬孟連土司管轄，乾隆中期脫離孟連，改屬

木邦。

中國境內的阿佤山範圍比緬甸佤邦大。

緬甸佤邦分北佤與南佤。

北佤東北面與中國雲南省臨滄市的耿馬縣、滄源縣、普洱市的瀾滄縣、西盟佤族自治縣和孟連縣，西雙版納州勐海縣接壤；西北面與果敢相連；南面與緬甸撣邦東部第四特區相鄰；東南面和撣邦的勐洋、勐卡、萬塔凱接壤。

南佤東臨寮國會曬，南面與泰國清萊府美塞、美斯樂（Mae Salong）、大其力等地接壤，北部地區與南部地區相隔約400公里的緬甸撣邦第四特區和緬甸中央政府控制區域。

北佤與南佤地區之間隔著撣邦第四特區和緬甸政府軍控制區。

明朝初期在緬甸境內及雲南邊境設立了南甸、木邦、緬甸、車里等土司府，16世紀中期緬甸東吁王朝（Taungoo Dynasty）吞併撣族地區。至萬曆末年，只剩車里一個宣慰司和南甸、干崖、隴川三個宣撫司。耿馬、孟定、孟連、車里等土司分向清廷和緬甸兩方進貢。1729年清在雲南大規模實行改土歸流，車里下轄各土司都加委了普洱府的「土千總」、「土把總」頭銜，猛烏、烏得是寧洱縣的土把總，但其領地仍是車里宣慰司屬地。清朝於1897年2月4日簽訂中英《續議緬甸條約附款》，割讓北丹尼、科干（果敢），永

租猛卯三角地。

乾隆五十五年（1790年），緬甸貢榜王朝（Konbaung Dynasty）遣使祝賀乾隆八十大壽，成清朝藩國，十年一貢。車里和孟連土司仍向緬甸進獻「花馬禮」，1793年，清朝承認木邦屬於緬甸。

清中期，阿佤山部分地區脫離原傣族土司控制，成為甌脫地，較知名者有葫蘆地、莽冷地。

佤邦位於中緬未定界的南段，由佤族土司控制。第二次世界大戰前期，中華民國政府擔心滇緬國際交通線被英國切斷，1941年與英國簽署中緬臨時邊界協定時，蔣介石政府依賴美國通過緬甸－雲南軍用資財的援助，不得已將佤邦土地劃歸英國。

1950年6月8中共與緬甸日建交。中共建國之初對待中緬邊界暫時維持邊界現狀。同時，國共內戰敗退國民黨軍餘部退入阿佤山（南佤邦）。

次年中共與緬甸簽字，羊柏（Umhpa）、班孔（Pan Kung）、班楠（Pan Nawng）、班歪（Pan Wai）等正式劃歸緬甸。

佤族人數少，一直依附於更強大的傣（撣）族，而沒有民族自覺或獨立意識。

直到1950年代南北佤邦還是受孟侖、納威（Veng Navi）

和永廣的三位受過教育的土司支配。

1950年2月,國民黨軍進入南佤邦,在猛撒建立基地,集結散兵游勇和民眾,成立反共救國軍,以華人為主。

1951年3月18日,李彌在美國人支持下,以李國輝部為核心擴充為雲南反攻救國軍,將近萬人進軍佤邦,到佤邦永恩時,招安了永恩土司(可能是泰盤 Ta Hpawng,為麻哈散的父親)的雲南漢人女婿,當時當岩城土司的屈鴻齋,由其統領大批佤人參加救國軍,被編為獨立17支隊支隊長,官封少將。李彌在雲南邊城雍和及滾營盤分派武器給佤軍。李彌取得邊區佤族的合作並不困難,因佤人對共產政權先入為主,已有反感。這得歸功於美國浸信會傳教士永偉里(William Marcus Young)一家的努力,永偉里一家極力宣傳反共理論,其中有幾個佤人已成為為牧師。永偉里的兒子文永生(Vincent Young)將佤語拉丁化,編成字典,是現在佤族子弟學習佤文的憑藉。他的孫子威廉楊(William Young),自稱是美國中情局間諜,曾大肆在寮國活動。《東南亞的海洛英政治》的作者馬克伊到泰國見他,他向馬克依大吹大擂,馬克依信以為真,全盤照收,寫進書中。與我共同寫書的前美國駐清邁領事吉卜遜(Richard Gibson)熟悉中情局在東南亞的秘密活動,對中情局僱員瞭如指掌;他告訴我,威廉楊是中情局的外圍之外圍,與中情局算是沾了邊。他所提供

給馬克依的資料很多是摻了水。他晚年住在清邁，情況不佳，以導遊金三角為業，對不知情的觀光客大肆吹噓他的當年勇。

李彌軍於 1951 年 5 月 10 日在雲南佤村新地方（Mong Mao），總部設在永偉里所屬教堂。

1951 年 5 月中，李彌軍離開新地方，移軍另一個佤族村雍和，靠基督徒佤族牧師引路。佤族土司滄源縣人民政府縣長田興武率佤族民兵投降李彌。李彌乘勝進軍，一路攻城掠地，許多在雲南解放時逃到緬甸的佤邦土司，也在此時返回中國境內。中共人民解放軍於 6 月 27 日發起多路反擊，至 7 月 8 日，國民黨軍退回佤邦。

直到柳元麟 1954 年取代李彌掌權，派人在阿佤山設立情報站，企圖吸收當地佤人，其中只有西雙版納站，曾吸收岩鎮等 17 人。

1960 年 11 月中共人民解放軍，入緬與緬軍合作擊敗柳元麟。次年元月，柳元麟總部退入寮國，在美方的外交壓力下，他的軍隊再於 3－4 月間撤往台灣，只留下以雲南人為主的李文煥的三軍和段希文的五軍駐於泰北的唐窩和美斯樂。

三、五軍斷了台灣的補給，生計完全依賴鴉片。佤邦鴉片就是李文煥和段希文財源。

馬俊國

　　柳元麟的雲南反共志願軍的參謀長馬俊國，係雲南順寧回民家庭出身，黃埔13期，久為國民黨軍官，與馬幫經常保持聯繫。他在李彌時代，一直在佤邦活動，名為組織反共游擊隊和蒐集中共情報，實際與鴉片業務有關。

　　1961年5月15日，柳元麟領導的反共志願軍在金三角第二次撤軍，留存其參謀長馬俊國第一獨立師「西盟軍區」不撤。西盟是雲南省普洱市下屬的一個自治縣，居民大多數是佤族。

　　第一獨立師後改稱為「滇西行動縱隊」，由國民黨政府和美國中情局的支助下，組成「光武部隊」。國防部情報局繼續補給馬俊國。等國際批判聲浪稍歇，國民黨又再組織國防部情報局部隊，部署泰緬邊境的安康山「格知灣」，馬俊國堂而皇之浮出水面，改隸為格致灣秘密基地的1920區部隊的第三中隊，轄西盟軍區，封官司令。

　　西盟為雲南毗鄰佤邦鎮區，號稱軍區，是國民黨情報局誇大業績之作為。馬俊國並未涉足西盟，所有活動不離佤邦，每月往返佤邦泰緬邊境一次，名為運補（運送補給），運什麼，不言而喻。西盟與永恩毗鄰，永恩才是馬俊國最主

要緬北基地。

1974年底，五軍軍長段希文死後的接班人雷雨田，將「雲南人民反共志願軍」改名「泰北山區民眾自衛隊」，與中共雲南當局討價還價，向其保證不再侵擾中國，從1981年起，中共人民解放軍總政治部也投桃報李，行文通知他，此後將停止對三、五軍的瓦解工作。

此前，馬俊國有數百名情報人員沿著雲南邊境設置孟勇監聽站，屬下有許多小型的特遣隊，大部分是由土著佤人和撣邦村民組成，他們是以馬幫的姿態，進行跨界情報搜集和游擊式的暗中破壞活動，備有美式通訊器材，竊聽情報，同時計劃建立一個強力的廣播電台，向雲南、貴州、廣西各省廣播。經過三年多的努力，共建立了八個基地：第一個設在泰、緬邊境的唐窩總部，與李文煥三軍為鄰；第二個基地在寮國的最北部；第三和第四個基地設在孟勇和孟威；第五個基地設在孟卡北部的高山；第六個基地設在孟黑；第七個基地設在佤邦的滾弄，由邵敦松上校指揮；第八個基地設在薩爾溫江東岸，靠近丹陽。每一個基地多有二至四百名士兵防守。另外還有一個較小的秘密基地，設在佤邦邊緣的南大河。他的監聽站也成為李文煥和段希文鴉片貿易的聯絡站。

原先在泰緬地區，有一些華僑青年，受父母影響，從小接受中文教育，被灌輸中國觀念，無法從事當地高級職

業。面臨失學、失業的情形下，受到當地國民黨份子勸誘，決心報效祖國，奔向金三角。我就認識兩位這樣的人。一位是《金三角國軍血淚史 1950－1981》的作者覃怡輝。覃怡輝1944年出生於泰國最南部邊境勿洞（Betong），祖籍廣西，中華學校畢業，連泰國話都不太會說，老師騙他們說可以到台灣升學，將他們帶到金三角，強迫他們參加柳元麟的「雲南人民反共志願軍」，不久柳元麟被迫撤台，他以退役軍人身分讀完台灣大學，獲中山獎學金，赴英國讀完博士，入中央研究院當研究員。我因為寫金三角的書，與他成了好友。有一次我與我英文書的合作者原美國駐清邁總領事一同到清邁，又見了與他一同投奔金三角的勿洞同鄉陳啟祐，陳啟祐沒有覃怡輝幸運，他留在金三角參加馬俊國的西盟軍區游擊隊，向我們提供了一些游擊隊當時情況。可惜我那時還不清楚西盟與佤族的關係，沒有進一步追問佤族問題。

馬俊國因為這些青年受過教育，將他們編成一隊獨立教導團隊，學生青年領袖尹載福擔任團長，楊國光擔任副團長，受訓結業後，送往西盟邊境。1967年改稱「光武部隊」，當地稱「大陸工作組」。事實上，從1962年起，中共為了圍剿國民黨軍，將中、緬未定界中有國民黨軍的部分劃給緬甸，並要求緬軍合力圍剿國民黨軍，逼得佤族游擊隊無法在佤邦活動。

台灣國民黨的軍事情報局無視現實情況，只做表面功夫，從 1966 年以後，以「按件計酬」的方式，邀請段希文軍和李文煥軍以及佤入加入他們的行動，將滇緬泰寮邊區的情報組織「1920 站」升為「1920 區」，由「區」督導「站」，執行突擊任務。因為效果不彰，1966 年開始，情報局也自行籌劃成立較大型的特戰部隊──「滇邊工作大隊」。其實這項籌備的工作自 1965 年 6 月開始，正式推出「苻堅計劃」，成立新的「苻堅部隊」。這時佤族的艾小石已經嶄露頭角。「苻堅部隊」使用了三、四年之後，於 1969 年 3 月改名為「光武部隊」。

　　1975 年 7 月 1 日，中共與泰國建交，總部在泰國境內馬康山「格致灣」的「光武部隊」無法運作，分崩離析，第二大隊艾小石收集佤人殘部，蔚然成軍。

艾小石

　　艾小石（Aye Shaw swe）又稱岩小石或艾覺學（Ai Kyaw Hso），緬名吳艾石（U Aik Say）。他是佤邦雍貝（Yawng Bre）土司。他的妻子李玉仙（Li Yi Seng 或 Daw Yok Swe）與永廣土司麻哈散（Maha Hsang）有親戚關係。

　　艾小石於 1964 年組建緬甸政府軍為反緬共而支助的自衛

隊（Ka-Kwe-Ye），前後參與組建自衛隊的還有羅星漢、坤沙和麻哈散等 19 人。

麻哈散和哥哥麻哈光（Maha Khoung）原參加孟冧的土司之子召能（Sao Noom）等人所組撣族軍，撣族軍失敗後才獨立出來，成立佤族軍（Wa National Army，縮寫 WNA）。

1967 年 2 月之前，艾小石的部隊駐扎在中共雲南邊境的岩城，與當地漢人爭搶耕地，導致多次中共民兵干預，中共最後出動邊防軍將艾小石趕到營盤，他不得不率領他兩百多人的部隊投奔國民黨國防部情報局秘密基地格致灣。由於艾小石部初具部隊型態，官兵多有實戰經驗，情報局經重整接受戰技與戰術後，編為 1920 區部隊，以後擴充到三百餘人，在為情報局蒐集中共情報的同時，他繼續販運鴉片牟利如常。他成為 1920 區部隊核心，坤沙當時是 1920 區部隊的外圍。

1970 年，艾小石抵達丹陽，仍不斷與緬共作戰，因緬共有中共做後盾，他不是敵手。他在丹陽當馬俊國部隊的大隊長。次年與李玉仙結婚。

李玉仙是佤邦營旁街人，先嫁佤邦土司的兒子趙遠明，生二子一女。趙遠明於 1967 年遭瘋人射殺。1969 年緬共攻入佤邦，她才南下丹陽的。

1973 年，馬俊國的部隊解散，艾小石帶了三百多人的

部隊流落到佤邦猛撒一帶，仍然接受台灣國民黨大陸工作組情報局第三廳的支持，為國民黨蒐集中共情報，並乘機壯大自己。緬甸政府突然要求他們繳械。他遵從與緬甸政府的協議，放下武器，獲准緬甸與泰國之間運貨（毒品），生意愈做愈大。

1975年5月24日台灣受到美國和泰國壓力，撤除1920區。國民黨稱之為「華山計劃」。為什麼稱「華山」？台灣多年無戰事，秀才們閒得無聊，精讀武俠小說，華山論劍。論劍結果將武器和人員撤回台灣一半，另一半白送坤沙。為什麼不全部送給坤沙？當時雖然沒有美國人在場，但有泰國代為監視。台灣與泰國雖有暗盤交易，撤出一些人，交出一些武器做個樣子，以便向美國人交差。

同年艾小石的貨車被緬軍截住，他以走私擾亂國家經濟罪名被捕，判了二十年徒刑。他花了數百萬緬元賄賂，減為十年徒刑。

艾小石坐牢期間，他的部隊由妻子李玉仙暫代指揮。李玉仙帶領小股隊伍，韜光養晦，遊走在泰緬邊境的荒山之間，避免與其他武裝部隊衝突。李玉仙用心治理，移往緬東與泰國交界的山裡駐紮，分駐在三崗、帕棟孟、納孟三個據點，指揮部設立於納孟，李玉仙向台灣請求派遣教官，台灣派鮑大平暫代管理。

李玉仙帶領的部隊逐漸穩定，流散在外的舊部人員紛紛來歸，部隊幹部閒時也從事耕作。楊國欽與幾位同袍共同創辦了中文學校「治平學校」，並在營地附近開了五天一次的小市集，儼然世外桃源。

　　好景不長，1978 年坤沙意欲統一撣邦，收編艾小石部隊。鮑大平認為需等艾小石出獄再決定，結果被坤沙部下擊殺於美斯樂附近的輝鵬村；坤沙更以斬首方式連續殺害艾小石的高級幹部，意圖瓦解艾部。艾小石的基地與坤沙的基地滿星疊距離很近，艾部不願坐以待斃，於 1978 年冬季，請一位在昔日光武部隊區部負責外交的賽先生，與泰國築路公司聯繫，希望進入泰國境內參加「保路運動」。

　　艾小石本來接受李文煥的支持。在坤沙勢力進入萊朗之後，李文煥支持李玉仙在安康山建立佤族委員會，與坤沙對抗。他們控制泰、緬邊境的幾個重要入口，保護商人，取得稅收，並擁有數間海洛因廠。李玉仙善於經營，故資金充足。1979 年，李玉仙搬往馬鞍山永泰新村，泰名 Ban Santi Suk，意思為「和平」，並被泰國收編為邊防軍，取到一塊土地，讓佤族開墾。1983 年，艾小石出獄，但是只限制住在曼德禮，不得離開，不久逃到永泰新村，並在那裡建了五年制中文致平小學。台灣的王季雄夫婦曾在此建基督教會。台灣也派遣教員。1987 年台灣大陸工作組撥付艾小石三十五萬

美元。

另一方面，1969年1月，永廣土司麻哈散與他的哥哥麻哈光（Maha Khoung）帶了他自己的親戚和部隊共八百五十多人拿著各種武器來到丹陽，與坤沙的自衛隊聯袂歸順緬軍。麻哈散的永廣自衛隊是撣邦的第三大自衛隊，僅次於羅星漢的果敢自衛隊和坤沙的萊莫自衛隊。他的自衛隊後來成為羅星漢果敢隊的中隊，約有四百人。羅星漢多次令他保護鴉片馬幫和征剿緬甸政府的叛軍。隨著自衛隊的擴大實行，佤邦各地小土司紛紛響應政府政策成立自衛隊，山頭林立，各自為王。麻哈散和其他佤族土司在1972和1973年奈溫決定解散自衛隊之前，已為緬共逐出佤邦。他們與羅星漢和坤沙一起潛入地下，並與撣邦軍的政治組織和撣邦進步黨結盟。麻哈散帶了他的家人和數百名軍人來到泰、緬邊境，定居在撣邦進步黨的接近猛邁的南部基地，並於1976年7月建立佤族軍。他與撣邦進步黨和反政府的全國民主陣線密切合作，逐漸形成一股勢力，企圖重新打回佤邦。

1977年，麻哈散佤族軍加入反緬甸的全國民主聯合陣線，不久，他投入召光正旗下。撣邦進步黨參謀長賽占夢（Sai Zam Muang）在失踪之前，見到他，並告訴他為了取得武器已靠攏中共，所以暫時無法幫助他。賽占夢還說，他雖然無法完全信任緬共，緬共政治局已答應他，局勢底定之

後，撣邦進步黨可以以革命戰友身份重返佤邦，並統治佤邦。因此，佤族軍的軍隊如果想回家，就必須參加撣邦進步黨的部隊。賽占夢的最後通牒使佤族軍分裂為幾個小幫派，其中麻哈塞和支昂脫隊帶著他們自己的部下加入撣邦進步黨，並在1980年緬甸大赦時，與羅星漢弟弟羅星民領帶的果敢自衛隊殘軍一起投降緬軍。麻哈散後來投到李文煥下面。自衛隊解散，他參加撣邦軍。

1982年，麻哈散又重新投入李文煥的懷抱。他自己搬到秉龍，住到召光正的撣革命聯軍總部，企圖重整佤族軍。麻哈散是佤族組織和佤族軍領導人，堅決反對緬共，在佤邦沒有駐軍，近一千名部隊都駐紮在泰國境內。

緬共成立於1939年8月15日，翁山（Aung San）為第一任總書記。蘇聯控制的「共產國際」，名義上於1943年5月25日由史達林公開宣佈解散，緬共跟著消聲匿跡。實際上俄共暗地指示中共負責東南亞共產黨活動。越共有自己領土，緬共與馬（來亞）共（產黨）的基地都設在中國境內，完全依存中共。進入1960年代，中共文化大革命如火如荼，大肆宣傳輸出革命。中共物質和人員大量大批湧入緬甸，緬共正式開張，人民軍成立於1968年1月4日，發起人為德欽丹東（Thakin Than Htun）、波哲雅（Bo Zeya）、克欽族羅相（Naw Seng）和果敢王彭家聲。

中共到了 1967 和 1968 年左右成立緬共東北司令部，明目張膽向佤邦領袖宣戰。1972 和 1973 年，緬共的東北指揮部進軍佤邦，但是在此之前，佤族民族主義運動，由於自衛隊制度的介入，已經四分五裂。包括在緬共、人民軍、緬軍和泰土革命委員會當兵的麻哈散的兄弟麻哈嘉（Maha Ja）甚至於 1986 年脫離緬軍到丹陽參加召光正的泰土革命委員會的數千佤人迄 1989 年緬共內變為止，都曾分別參加了相互廝殺的揮邦五個部隊：緬共、緬軍、李文煥軍、泰土革命委員會或全國民主陣線。麻哈散對人說：「每個人都在利用佤兵，而且每個人都聯合佤族，但是死的是佤人，而且人人都怪佤人販毒。」

1966 年佤邦先有鮑有祥的昆馬（Kun Ma）游擊隊、趙尼來的紹帕（Saun Hpa）游擊隊、岩肯的岩城（Ai Chun）游擊隊、魯興國的戶算游擊隊等四支佤族民間武裝，他們普遍不滿李文煥、馬俊國和坤沙等人的華人部隊，企圖借助緬共，喊出「解放佤山」口號。

趙益來引薦艾小石聯繫緬共。趙益來部隊的指揮部設在馬鞍山，離永泰新村不遠。當時艾小石的部隊有六、七十人。除他們兩人外，還有田子永、馬漢山等佤人部隊，一共有百把人。合併就成為「佤邦聯合軍」（UWSA）。

佤邦聯合軍

佤邦聯合軍有四千士兵,來自邦桑的原緬共總部。

他們向南擴展,率先聯繫盤據南部為緬甸政府所承認為民兵組織的艾小石部隊,答應他們依舊保留武裝,控制原來地區。

趙益來和包英艾又於1989年9月6日會見緬甸情報部門的負責人金昂(Khin Aung)。三人同意由佤邦聯合軍負責監督緬、泰邊境的防衛工作。

艾小石也到臘戍,與緬軍談判。李文煥由於同屬國民黨軍的戰友,沒有阻止艾小石的這一行動。艾小石既然參加趙益來的佤族部隊,就變成趙益來的屬下了。艾小石的佤族委員會是緬共邦桑總部的佤族聯合黨在泰、緬邊境的代表。

1989年11月3日,佤共與泰、緬邊境艾小石的非共部隊合併,而成立佤邦聯合黨和佤邦聯合軍。趙益來為佤邦聯合黨總書記。繼趙益來訪問臘戍和仰光撥款開發佤邦之後,仰光與佤族之間已締結了某種和平協定。1990年趙益來是當地指揮官和行政長官,他與邦桑的包育昌合作,來往邦桑與猛茅之間。緬甸政府利用佤邦聯合軍來牽制和對抗坤沙的部隊。自1988年緬甸軍政府鎮壓學生民主運動以來,緬甸全力

防衛首都，無力顧及其他地區，遂重施故計，利用各叛軍之間的矛盾，製造相互牽制的局面。

當 1989 年緬共內變時，泰國邊境的佤族軍一直作壁上觀。麻哈散的佤族軍代表團在 1989 年緬共內變之後到達總部邦桑，受到的待遇非常冷淡。以趙益來為首的佤軍故意使用非佤式的名稱——緬甸民主團結軍（BDSA）——與緬軍談判停火。只有在與艾小石佤族委員會聯合之後，才改用佤邦聯合軍的民族主義名稱。

許多拉祜和佤人其他部隊，為應對佤邦聯合軍的擴張，紛紛避入坤沙的撣聯軍和召光正的泰土革命委員會的萊朗據點。緬共部隊顯然是捲土重來，企圖在原來拉祜族聯合黨據點集合拉祜村民。坤沙軍受到全國民主陣線和緬共起義軍圍攻。緬共起義軍和佤族軍企圖從中、緬邊境向南滲透攻破坤沙的勢力範圍，即撣邦南部和寮國邊境。他們企圖打通通往緬甸東部毒品的通道。他們與坤沙激戰，發動猛烈攻擊坤沙的各處基地，連戰連捷，各處建立要塞和堡壘，部隊主角壯大增加，恢復到六千人。這些部隊，分成小股，散佈撣邦各處。

1996 年 1 月 5 日，佤邦聯合軍終於打敗坤沙，佔領坤沙在泰緬邊境的地盤，根據與緬甸政府的協議，原屬坤沙集團的緬泰邊境劃歸佤邦，被稱為「南佤」。

2 月，鮑有祥當選為佤邦人民政府主席兼財政部長。12

月,鮑有祥代表佤邦前往仰光參加國民代表大會。佤邦獲得坤沙在泰緬邊境的土地。1999 年 10 月起,佤邦大規模向南佤移民,稱為南遷計劃,以激烈手段進行禁毒、遷村。計畫移民 40 萬人。

佤邦聯合軍很快發展到三萬五千人之眾,北佤指揮部設在邦康,鮑有祥擔任部長兼北部軍區司令,南佤首府萬宏（Veng' Wan Hong）,魏學剛兼任南佤軍區司令,鮑有祥之兄鮑有義擔任書記兼南部軍區政委。

中共基於戰略考量,一直都在各方面支撐佤邦及佤邦聯合軍。佤邦聯合軍已從中共取得武裝米十七「河馬」中型運輸直升機,兩側可攜帶「天燕九十」空對空飛彈。米十七直升機不攜帶武器的情況下最多可以裝載三十名全副武裝的士兵,比美國的 UH-60「黑鷹」的運載能力更強,使得佤邦聯合軍可以快速移動地面作戰部隊,並在中共協助下,建立起肩射式防空火箭系統。佤邦聯合軍也有相當數量的迫擊砲、火箭發射器,甚至還有輕型坦克。邦康的佤邦聯合軍總部也建有直升機升降場,機場外的標示牌就是中文寫的「飛機場」。

佤邦的通用語言是華語,政治制度仿照中共,如縣級官員有縣長、縣委書記等,流通的貨幣是人民幣,經濟、文化與中國雲南聯繫密切,電話通訊採用中國雲南的區域號

碼，當地的手機信號也都由中國移動和網通提供，儼然中共海外屬地：南佤領導人都取中文名字如鮑有祥（Pauk Yu-hkyan）、鮑有義、鮑有良、鮑有華、陳岩板（鮑岩板）、何春田（蕭岩塊）、李自如等，很多人都誤認他們是華人。南佤正式貨幣為人民幣，因毗鄰泰國，也通用泰銖。

第六章　彭家王朝

彭家聲

　　彭家聲（Pheung Kya-shin）於1931年2月5日生於果敢紅石頭河，祖籍中國四川會理縣，與果敢土司有姻親關係。父親彭積昌生有七子，彭家聲居長。

　　彭家聲1948年畢業於果敢軍事訓練學校——新城進修班，接受過黃埔軍校新式軍官教育，與坤沙、羅星漢為同期同學。畢業後任職果敢土司的自衛隊基層軍官。

　　1959年，果敢土司楊振材的世襲特權被緬甸政府廢除。

　　1962年，奈溫從吳努手中奪取政權，撕毀聯邦協議，次年，楊振材遭到緬甸奈溫政府逮捕，楊振材弟弟楊振聲從仰光趕回果敢，組織果敢革命軍，起兵反抗，彭家聲參加果敢革命軍。

　　1965年失敗，彭家聲追隨楊振聲一起投降緬甸政府軍。

　　1967年，彭因對緬軍種族歧視不滿，掉轉矛頭，加入緬甸共產黨，創建果敢人民革命軍，與羅星漢為首的緬甸政府支持的部隊展開游擊戰，果敢人自相殘殺，民不聊生，彭家

聲不敵退入中國。

1950年代後期緬共被緬軍擊潰，一部分退入雲南，1968年緬共白旗武裝人員重新整編，主要成員是原白旗緬共羅相、丁英等、佤族趙尼萊、鮑有祥等以及（苗族）車炬，他們與從果敢敗逃過來的彭家聲聯合。鼎盛時期的緬共總兵力約4萬人，民兵約1萬人。總部位於佤邦首府邦康，改稱緬共東北軍區。司令為羅相，副司令彭家聲。

稍前，1966年中國大陸文革開始，毛澤東決定：「知識青年接受貧下中農的再教育很有必要」。

1968年中共《人民日報》大幅報導緬共領袖德欽丹東（Thakin Than Tun）事蹟，煽動雲南等地的下鄉知青的革命熱情。下鄉知青及昆明各中學學生一方面為逃避鄉村艱苦勞動，另一方面又嚮往世界革命，雲南境外的緬共武裝如火如荼的革命烈焰為這批青年的活動分子提供了無限可能性。中共號召緬甸的革命是「世界革命的重要組成部分」，是義不容辭的「國際主義義務」，出境加入緬共人民軍，政策也被有關文件定為是參加「革命工作」，有了與生產建設兵團戰士截然不同的待遇。兵團戰士與後來「農場工人」的戶口，是最低一級。這種戶口還不如農村戶口。農村戶口還有「農轉非」的可能，兵團與「農場」戶口，就是一輩子在該地「扎根」。於是，從1970年底至1971年，數百名知青跨出

國界，參加各種戰役，很多人戰死。距果敢不遠的一座小山上，有一座烈士陵園，是緬共果敢縣委為所建，其中不少死者是中國知青。文革後期，更多知青湧入緬北，許多後來在緬共中位居高位，如李自如、林明賢和車炬。

1969 年 3 月，原在中國貴州和四川投閒置散的緬人緬共元老「貴州老兵」連同彭家聲，以及志願加入緬共的上萬名中國知青被送回果敢，緬共勢力如虎添翼，瞬間變強。

1970 年 11 月，緬共人民軍建立緬北基地，組建成立東北（果敢及勐古，404 部隊改編）及 101（克欽邦，303 部隊改編）兩大軍區，趙明和彭家聲分別任東北軍區正副司令，羅相和丁英分別任 101 軍區正副司令。其中東北軍區下轄勐洪 912 師、果敢 929 師和勐古 893 師，其餘各旅逐漸被編入之後新成立的各軍區；101 軍區規模較小，僅下轄 1001、1002 和 1003 三個團。

從 1969 年到 1970 年間出境參加緬共知青，昆明有 3,000 餘人，此外還有來自北京、上海、四川，總數達萬人以上。他們參加緬共人民軍一〇三部隊。除上層幹部外，營連以下全部都是中國知青組成。

緬共中央任命蕭明亮、趙忠丹、趙國安三人為中央常委，李自如為佤邦聯合軍總參謀長；1970 年 4 月緬共任命彭家聲為果敢縣長。

1989年，柏林牆倒塌，蘇共解體，中共陷入危機，無暇他顧，緬共無以為繼，各地部隊，接受緬軍招安，易幟但保持實力。原緬共轄區一分為四，分撣邦第一特區（果敢）、佤邦第二特區、克欽第三特區，撣邦東部（小勐拉）第四特區。華人繼續大量移入這四個地區，它們事實上已成為中共殖民地。

3月11日，緬甸政府派出羅星漢招安，彭家聲與緬甸政府達成停戰協議，緬甸政府承認彭家聲所管理的果敢自治地位。彭家聲在果敢成立了「緬甸民族民主同盟黨」和「緬甸民族民主同盟軍」。同時組建了「臨時軍事委員會」。彭家聲親自出任臨時軍師委員會主席和緬甸民族民主同盟軍總司令。

撣邦第一特區政府，保有軍力，獨立內政、軍事、財政等權力。緬甸中央政府派駐少量的公共服務人員至果敢。彭家聲任緬甸撣邦第一特區主席，緬甸民族民主同盟軍總司令，成為事實上的「果敢王」。

13日，彭部兵發勐洪，緬共東北軍區1旅的4個營全部加入彭部。14日，彭家聲未放一彈一槍，佔領了緬共北方分局所在地勐固。除2旅政委高良退入中國境內外，其餘大部人馬投降彭部。彭部同時與緬軍達成停戰協議。

1989年4月11日，中國雲南臨滄地區滄源縣永和第三生

產隊當過會計的佤族趙尼來，時任緬共中央後補委員、北佤縣長。中國雲南思茅地區西盟縣佤族頭人的後裔鮑友祥，時任緬共人民軍中部軍區副司令。二人率中部軍區全體官兵起義。17日，鮑、趙二人在緬共中央警衛旅政委羅常保等人的內應下，包圍了緬共中央所在地邦桑，扣押了緬共主席德欽巴登頂及其他中央領導人，將他們送入中國境孟連縣。4月22日，成立了以趙尼來為總書記的「緬甸民族聯合黨」和鮑友祥任總司令的「緬甸民族聯合軍」。

滾弄大戰

滾弄（Kun Long）義為「沙洲」，古名隆渡，屬果敢，位於薩爾溫江（怒江）東岸，跨河有大橋，公路連接，西通蠟戍。

滾弄戰役從1971年11月打到1972年1月，長達42天。

先是緬軍封鎖大橋，憑藉火炮數量優勢與絕對制空權。

然後由彭家聲副司令領導中國知青組成緬共東北軍區人民軍共計3,000餘人，利用中共和越南提供大量新型蘇制火炮，進攻滾弄。

緬軍全力出動重型武器，緬共人民軍主力部隊中伏，險遭全軍覆沒。後來，由番號為3035的知青營斷後，大部隊才

得以突圍而出。

中國知青在此戰役中死者甚多。少數失散的女知青，流落緬北，有的走投無路，唯有靠肉體出賣維持生計。到 1989 年 3 月緬共瓦解，已經有一批知青佔據重要崗位，如雲南知青羅常保升任中央警衛旅政委，雲南知青蔣志明升任東北軍區副參謀長，李自如升任中部軍區司令員，車炬升任中部軍區旅長。

2015 年緬軍建軍節前夕，緬軍國防部出資拍攝了以滾弄戰役為背景的宣傳電影「滾弄 40 天大戰」。

距果敢邊境不遠的楊隆寨旁一座小山上，有座烈士陵園，兩面分別用中、緬文鐫刻「革命烈士紀念碑」7 個大字，紀念碑一側中部刻有「緬甸共產黨果敢縣委員會」，就是紀念這些死難的中國知青。

楊茂良兵變

1992 年 11 月，果敢緬甸民族民主同盟軍發生內訌。不滿毒品貿易所得分配不均的緬甸民族民主同盟軍副司令兼 912 師師長楊茂良和與佤邦關係密切的 893 師師長李德華起兵與彭家聲對峙。雙方發生大小戰鬥十餘次。

內亂一直持續至 1993 年初，楊茂良及其兄弟楊茂安、楊

茂賢親赴佤邦遊說，佤邦宣佈支持楊茂良取代彭家聲主政果敢的地位。此外，緬甸民族民主同盟軍的另一副司令兼撣邦第一特區公安局局長魏超仁亦率部倒向楊茂良。

1993年5月，佤邦以討伐叛徒的名義宣佈出兵果敢。佤邦聯合軍士兵北上，很快佔領果敢首府老街，扶持楊茂良取代彭家聲主政果敢地區。彭家聲則被逼出逃，前往其女婿林明賢所部首府小勐拉避難。彭家聲的垮台使坤沙蒙泰軍失去了可從北部夾擊佤邦的潛在盟友，結果在佤邦集中力量打擊下逐漸走向末路。

1995年彭家聲武力奪回果敢特區政權。緬軍駐守在果敢南部重要的據點滾弄，負責特區對撣邦其他方面的軍事控制，不負責特區內部事務。特區政府掌握的邊防警力規模由緬甸政府規定，武裝配備由特區政府負責。

2009年8月在緬甸果敢發生的一場軍事衝突，交戰一方為忠於果敢彭氏政權的緬甸民族民主同盟軍，另一方為緬甸聯邦政府，緬甸政府發出彭家聲拘捕令。

2009年8月8日，緬軍人大舉入侵果敢，引發難民潮，史稱「八八事件」。兩週後戰爭爆發，最終在緬甸軍政府的優勢軍力之下，瓦解了果敢特區的反抗軍，彭家聲率領殘部退出果敢，他於2022年2月16日在女婿林明賢的勐拉去世，得年94歲。

8月24日緬軍扶持白所成取代彭家聲；2011年果敢成為自治區，白所成任第一任「臨管會主席」。從此果敢自治區政權與緬軍相互利用，為牟取暴利，發展毒品和電詐產業。把果敢變成電詐中心。

四大家族

果敢首府老街由白所成、魏超仁、劉國璽、劉阿寶和明學昌等控制，以博彩、房地產及旅遊，吸收來自中國大陸官方和私人投資，實際搞毒品買賣、電信詐騙。

他們組織詐騙集團，廣設電詐園區，每個園區都擁有近百家詐騙公司。不僅產業鏈完整，而且營運集團化、規模化。

他們擁有緬軍特許的私人武裝，採取「武裝護詐，牢獄管控」。導致中國大陸數萬人被誘騙至果敢地區、進行勒索、強制勞動；不如意，則予以轉賣，不完成規定的詐騙業績，會遭受慘無人道的酷刑，嘎腰子或被毒打、折磨致死。

2023年10月20日果敢發生「1020臥虎山莊事件」。數百名中國公民被困在由明學昌家族控制的臥虎山莊電詐園區從事電詐，明氏家族旗下民兵轉移中籍電詐人員到他方，途中有人試圖逃走，而協助中華人民共和國公民的中共臥底警

務人員表明身分，試圖制止明家民兵轉移，反遭殺害。

彭德仁

彭德仁出生於 1965 年，是緬甸民族民主同盟軍創立者彭家聲的兒子。早年曾在果敢警察部隊服役。

彭家聲父子重新整頓緬甸民族民主同盟軍後展開游擊戰，試圖奪回果敢。

2013 年彭家聲在中國境內成立緬甸民族正義黨，並重整緬甸民族民主同盟軍。

2021 年緬甸軍事政變之後，彭家聲加大對果敢的攻勢。

2022 年彭家聲死，緬甸民族民主同盟軍由彭德仁繼承，2023 年年末，彭德仁帶領緬甸民族民主同盟軍攻佔老街，繼續攻佔果敢其他據點。2024 年 1 月 6 日，緬軍二千投降撤出，彭德仁終於完整收復果敢全境。2024 年 1 月 6 日，駐果敢緬軍向投降，果敢五大家族在果敢地區的統治終結。

2024 年 1 月 30 日，緬甸警方將白所成等人移交中共公安，等於承認中共司法「長臂管轄」權。

2024 年 4 月，「撣邦第一特區」更名為「緬甸聯邦第一特區」。

鮑有祥

　　鮑有祥與國民黨軍是世仇。他是昆馬地區佤族土司之子。1949 年，國民黨軍敗兵殘將退入緬北各地，其中邱鴻齋率領 28 軍一部分人，盤據緬北阿佤山，割據自治，恣意妄為，作威作福，欺壓佤族。此時佤邦仍由大大小小土司治理。有一個叫昆馬的小村土司艾嘎，在 1949 年 8 月 19 日，生下一個兒子，取名陸棒（Log Pang）。1959 年，邱鴻齋進軍昆馬，追殺艾嘎，艾嘎全家逃入亡雲南滄源縣岩丙寨避難，安家落戶後，並陸棒送往岩丙寨小學讀書，學校老師可能姓鮑，為他取漢名鮑有祥。

　　1961 年，12 歲的鮑有祥隨父親返回佤邦昆馬家鄉。1964 年結婚，不久父親病逝。1966 年 3 月 6 日，與國民黨軍勾結佤族另一土司扎鐵，派其手下達改尚帶領千人攻占昆馬部落，勒令昆馬部落將原始信仰「梅禮」改為扎鐵信仰的「賽瑪禮」。鮑有祥的母親挨打，她的頭髮被扯下用鞋子踩，受到佤族方式侮辱。鮑有祥召集堂叔鮑三板和九個夥伴，拿三支槍和刀、長矛等武器，乘敵人生火做飯時突襲，殺死了不少人。

　　此時，緬甸正興起反華熱潮，很多中共知青湧入緬北，

加入緬北各族的反緬鬥爭。緬甸共產黨大張旗鼓在緬北各處建立根據地後，鮑有祥成立的昆馬游擊隊接受緬共改編，經過訓練和換裝備後，昆馬游擊隊併入緬共人民解放軍 4043 部隊 4243 營，鮑有祥被任命為一連連長。1971 年，在解放緬北各地戰爭中，鮑有祥屢有戰績，被提拔為 501 營營長，由於會說漢語和寫漢字，受中國巨大影響的緬共上層對鮑有祥賞識有加，很快又將他升職為 683 旅旅長，到了 1985 年止，鮑有祥已經成為緬共中央候補委員和緬共人民解放軍高級指揮官。

1990 年，鮑有祥被緬甸軍政府任命為「邊境檢查總署署長」。

1992 年 12 月 20 日，佤邦聯合黨在邦康召開了第一次黨代表大會。通過了黨的綱領和章程。選舉趙尼來、鮑有祥、李自如、趙明、蕭明亮為黨中央政治局常務委員。

林明賢

林明賢 1948 年 12 月 26 日生於撣邦九穀（棒賽），原籍中國海南（父親原籍海南文昌，母親撣族），出生後隨父回廣州，1966 年文革爆發之初曾參加紅衛兵，由於 1967 年率隊攻打廣州中山紀念堂，惹出事端，於 1968 年被下放雲南西雙

版納下鄉插隊，潛回緬甸。1968年6月24日，加入緬共，起緬語名「吳再林」，「吳」是緬人稱號。他參加滾弄戰役，作戰勇敢，二次被緬共授予緬甸人民英雄稱號。他的部下絕大部分都是從中國出去的知青和回鄉知青。

1989年緬共中「八一五」軍區，於4月19日宣告脫離緬共領導，他當時是「八一五」軍區主席和司令。他率部在原地成立「緬甸撣邦東部民族民主同盟軍軍政委員會」，並與緬甸軍政府達成停戰協議，將控制區域改為「緬甸撣邦東部第四特區」。它毗鄰雲南西雙版納，緬甸軍政府始終不敢動他，與緬軍保持和平共存，儼然獨立王國，首都「小勐拉」（Mongla），以區別雲南的勐臘。

林明賢的原配為知青張紅英，1980年代後期病逝，續弦彭家聲長女彭新春（緬名朵楠英Daw Nang Yin）。2024年8月8日林明賢因病在上海去世，享年76歲。現有軍力一萬人為他與張紅英所生兒子吳騰林（漢名林道德）繼承。

三兄弟聯盟

2016年，緬北有四個反叛組織——緬甸民族民主同盟軍、若開軍、德昂民族解放軍和克欽獨立軍組成的聯盟，形成聯合陣線，企圖與緬甸政府的和談。

2019年6月，緬甸民族民主同盟軍、若開軍和德昂民族解放軍組建軍事聯盟，稱為「三兄弟聯盟」（The Brotherhood Alliance）。

三兄弟聯盟的攻勢於2019年9月上旬停止，聲明已與緬甸政府和談。繼進一步談判後，確定延長一個月至2019年10月8日為止。停火協議使得它們對2021年的政變不能表態。然而，迄2020年若開軍與緬軍在若開邦的衝突依然持續。

2021年3月29日，三兄弟聯盟聲明，將「重新評估單方面停火」，針對軍政府採取的公開行動。接著於2021年4月10日，它們伏擊撣邦北部瑙孟的一個警察哨所，停火協議破裂。

此後，軍政府和三兄弟聯盟之間的衝突大為減少。不過，緬甸民族民主同盟軍和德昂民族解放軍利用停火時間訓練部隊，並秘密援助曼德勒當地的人民保衛軍。三兄弟聯盟又聲明譴責軍政府在丹郎戰役中針對平民的行為。若開軍也蠶食鯨吞，不費吹灰之力擁有若開邦三分之二以上領土。

2021年底，緬甸民族民主同盟軍襲擊撣邦北部，果敢爆發衝突。

12月，軍政府軍隊在邊境小鎮納潘（Namphan）空投了約500名傘兵，該鎮由緬甸民族民主同盟軍控制。

2022年2月，若開邦孟都鎮區爆發小規模衝突，導致軍

政府對若開軍所屬區域進行鎮壓。若開軍因此拒絕參加和談。五個月後的2022年7月，軍政府對克倫民族聯盟管轄地區的一個防空基地發動空襲。11月26日簽署休戰協議。

與此同時，民族民主同盟軍和德昂民族解放軍利用2022年的和平來鞏固對地區的控制並儲存武器。德昂民族解放軍沒有對軍政府部隊發動任何重大襲擊，但確實發動了小規模襲擊以顯示權力。

2023年10月27日，以緬甸民族民主同盟軍為首的三兄弟聯盟發佈聲明，宣佈對緬甸撣邦東北的臘戍、貴概等多地的緬甸軍政府武裝部隊發動協同攻擊，開始逐漸加大對克倫尼民族保衛軍等其他武裝團體的支持。德昂民族解放軍還於2023年5月在政府軍控制地區臘戍發起了一次短暫的閃電突襲。

2024年1月6日，駐紮在果敢地區的緬甸軍隊投降並撤出果敢，彭德仁奪回果敢全境。

2024年1月12日，在中國斡旋下，緬軍與三兄弟聯盟達成正式停火協議。緬甸民族民主同盟軍通過軍事行動，得以統治果敢地區。

1027行動

2023年10月27日，彭德仁領導的（果敢）緬甸民族同盟軍以及三兄弟聯盟的其他兩支軍隊在撣邦北部木邦、貴概（Kwathkuing）、勐古（Mong Koe）、果敢等地大規模攻擊緬軍，史稱「1027行動」。

這次行動得到了其他反叛組織的讚揚和支持，例如曼德勒的人民保衛軍、克倫尼民族人民解放陣線和緬甸民族團結政府。

隨著戰事的擴大，遍地烽火，曼德勒和實皆省以外的其他民族和地方武裝組織（民地武）也紛紛起義，「一帶一路」暗影浮動，著名的有11月7日的「1107行動」和11月11日的「1111行動」。

由翁山蘇姬（Aung San Suu Kyi）餘黨組成的反現在緬甸軍政府的民族團結政府的人民防衛軍也表示，願意支援並參與此次行動，對緬甸軍政府發動更激烈的攻擊。

2024年1月12日，在中國斡旋下緬甸政府軍與三兄弟聯盟達成暫時停火協定。

臘戌戰役

　　臘戌是緬甸第四大城市，也是交通要衝，通過滇緬公路可出境通往雲南，緬甸的主要日用品進口及礦藏的出口，都依賴臘戌。

　　臘戌也是軍事重鎮，為緬軍東北司令部總部的所在地。

　　三兄弟聯盟及其盟友早有心攻佔臘戌，中共調停的停火協議於2024年10月27日破裂，反政府武裝出兵包圍臘戌。

　　2024年6月下旬，三兄弟聯盟成員德昂民族解放軍（TNLA）藉詞軍政府涉嫌違反停火協議，發動襲擊。三兄弟聯盟先佔領臘戌至曼德勒路上的皎梅和璐丘，進一步鞏固對臘戌的包圍。7月2日，該聯盟的另一成員緬甸民族民主同盟軍（MNDAA）加入攻勢，與德昂軍攻擊臘戌周圍的軍政府陣地。軍方以空襲和狂轟濫炸的方式回應襲擊。隨著戰鬥逼近市區，士兵家屬被疏散，數千名平民逃離戰區。

　　7月6日，三兄弟聯盟開始向該市推進，炮擊並使用無人機轟炸了該市內的軍政府總部。

　　14日，緬甸民族民主同盟軍宣佈暫停行動四天，以避免干擾正在進行的中國共產黨第二十屆中央委員會第三次全體會議進行。由此亦可證，彭德仁的緬甸民族民主同盟軍的行

動完全是中共授意。7月17日，反軍政府部隊占領了臘戌城外的緬軍檢查站，迫使士兵撤退到該市。

23日，同盟軍占領了臘戌北部的緬軍第68步兵團營地。

25日，同盟軍聲稱已控制了該市內的軍政府東北地區軍事指揮部總部。

次日，軍政府命令其剩餘官員離開臘戌，因為同盟軍已完全清除了剩餘的抵抗武裝力量。同一天，同盟軍占領了阿瓦銀行分行和臘戌醫院。

30日，同盟軍伏擊了一支來自當陽的軍政府車隊，該車隊原本打算向臘戌補給，據報道造成50多名士兵死亡。同一天，同盟軍占領了臘戌機場候機廳。

8月1日，三兄弟聯盟襲擊緬軍東北軍區司令部，次日，三兄弟聯盟襲擊臘戌軍事醫院，未經證實的報道稱有一些病人和工作人員被殺。

3日，果敢同盟軍及三兄弟聯盟成功佔領緬北臘戌。

臘戌淪陷，緬甸朝野震動；果敢同盟軍及三兄弟聯盟的下一個攻打目標顯然是曼德勒。曼德勒華人人口50萬，佔該市總人口一半，若有一天中共敢下令華人組成果敢同盟軍攻城，曼德勒裡應外合，破城易如反掌。

統一上緬

英國殖民者依殖民先後，把緬甸分成下緬、上緬。

下緬甸又名外緬甸包括伊洛瓦底省（Irrawaddy Division）、勃固省（Pegu Division）和仰光省（Rangoon Division）及沿海若開邦（Arakan State）、孟邦和德林達依省（Tenasserim Division）。

上緬甸亦稱真緬甸，狹義指包括曼德勒省（Mandalay Division）及其周圍的實皆省（Sagaing Division）和馬圭省（Magwe Division），廣義還包括欽邦、克欽邦和撣邦。

彭家聲聰明地隱去「果敢」二字，採用緬甸民族民主同盟軍虛假的名義，實則他的軍隊，除了果敢人外，大多是來自中國大陸的紅衛兵子弟和新來的「潤」民，他又巧妙地聯合克欽軍和佤族及三兄弟，開疆闢土，目前所管轄的領土比坤沙的「撣邦共和國」極盛時期，還大得多，彭家聲父子公開聲明將推翻軍人集團統治，又不承認實皆省立足的民族團結政府（National Unity Government，NUG）。他們現在事實上已統一上緬，呈獨立狀態，將來是否建造「緬甸民族民主共和國」，仿照中華人民共和國體制，實行（漢）民主集中制，統一全緬，正有待觀察。

第七章　緬甸困境

緬軍

緬甸在英國殖民統治時，反英的緬甸知識分子在 1930 年 5 月 30 日建立「我緬人協會」（Ăsì-Ăyòun），通稱德欽黨（Thakin Party）。1939 年 8 月 15 日，翁山在蘇聯「共產國際」的影響下，將德欽黨改造為緬甸共產黨。「共產國際」解散後，指示緬共劃歸中共管轄，翁山於 1940 年 8 月親赴福建廈門，企圖與中共的地下組織聯繫，在尋找聯絡人時，身分暴露，被廈門租界日本憲兵隊逮捕，送往東京。

1941 年 2 月，日本軍部成立情報機構「南機關」，由鈴木敬司大佐領導，他為阻止英美經由滇緬公路運輸物資支援中國，選拔緬甸精英，翁山就在其中，他們於 1941 年 4 月，會同其他 29 人赴日本佔領的海南島進行學習軍事，史稱「30 志士」。

1941 年 12 月 17 日，「30 志士」被送往已經臣服日本泰國曼谷，相互歃血為盟，招募成員，成立「緬甸獨立義勇軍」，由日軍協助，進攻緬甸英軍。他們在緬甸獨立軍的指

引下，分三路攻入緬甸。1942年5月日軍全面占領緬甸。他們改名為「緬甸國防軍」，翁山任司令。1943年8月1日，緬甸國成立，巴莫出任總理，翁山出任國防部長。緬甸國防軍改組為緬甸國民軍（Burma National Army）。

1945年8月15日，二戰結束日本投降後，緬甸恢復了戰前英國殖民地狀態。翁山所率領的緬甸軍隊與英軍的緬甸部隊合併。

1947年1月27日，翁山與當時的英國首相克萊門特·艾德禮（Clement Richard Attlee）訂立「翁山－艾德禮協定」，保證緬甸一年內獨立。2月，簽訂《彬龍協議》。

1947年7月19日，翁山與6名閣僚在仰光被暗殺，權力落入吳努（U Nu）手中。

次年緬甸正式獨立，採多黨制民主政體。當時緬甸大可善用過去殖民經驗，取長補短，交好舊殖民者，學習其管理方式，而成為新加坡一樣的發達國家。但後來的吳努和任聯合國秘書長的緬甸人宇譚（U Thant）等人，不此之圖，加入反殖民主義陣營。

同年，奈溫出任緬甸軍隊副總參謀長，後晉升總參謀長。1958年，緬甸執政黨出現內部分裂，奈溫出任總理。

1955年朝鮮戰爭，杜魯門政府秘密支持蔣介石的國民黨敗退撣邦的部隊，侵犯緬甸主權的行為促使緬甸政府於1953

年 3 月決定不再接受美國的經濟援助，並轉而同中國擴大經貿往來。

1955 年，29 個亞洲和非洲國家的領導人雲集印尼萬隆，召開第一次世界不結盟運動會議。吳努是積極推動者之一，他和印度尼赫魯、印尼蘇加諾、埃及納賽爾、加納恩格魯馬和中共國總理周恩來並駕齊驅，成為世界不結盟運動主角。從此義無反顧走上反西方道路，注定與資本主義國家為敵。

1960 年，緬甸舉行民主選舉，奈溫將權力移交給民選文人政府。

兩年後，奈溫發動不流血政變，解散國會，廢除聯邦憲法，成立緬甸革命委員會和革命政府，建立「具有緬甸特色的社會主義國家」。

緬甸國運之轉變開始於1962 年奈溫政變，他把原來稍微親西方的國家拉向中立，實際是走親蘇、親中路線。他又實行不三不四的具有緬甸特色的社會主義，暗中鼓勵官商勾結的官僚資本，壓制民營，閉關自守，暴力鎮壓克倫、撣、克耶、欽等少數民族起義和民變，緬甸國防軍，「緬軍」（Tatmadaw）之惡名昭著，遠揚域外。

緬甸人普遍迷信，軍政府領導人受過現代教育者絕無僅有。他們信奉佛教占卜、神諭。2005 年緬甸軍政府決定遷都，聽從神諭選址，丟棄出海方便的仰光而選擇中部的奈比

都（Naypyidaw）。新都奈比都大而無當，如中共副首都雄安一樣，建成後無人入住，立即變成鬼城。

1988年8月8日的緬甸人民「8888起義」推翻奈溫，首次抬出翁山蘇姬，同年成立於1988年9月27日所組建的全國民主盟。2015年緬甸議會選舉得勝，翁山蘇姬出任國務資政，實權操在軍人手裡。2021年，緬甸軍人政變，敏昂來（Min Aung Hlaing）當政。2023年3月緬甸軍政府勒令解散全國民主聯盟，翁山蘇姬受到軟禁。

中國與緬甸兩國，自古以來，就以「胞波」（兄弟）相稱。兩國於1950年6月8日正式建交。二十世紀五十年代，中緬共同倡導了和平共處五項原則。六十年代，兩國本著友好協商、互諒互讓精神，通過友好協商圓滿解決歷史遺留的邊界問題。2020年1月，兩國領導人宣佈構建中緬命運共同體。劉少奇、周恩來、陳毅等都曾訪緬，緬甸奈溫主席、山友總統和貌貌卡（Maung Maung Kha）總理等也多次訪華。2012年11月15日習近平上台，推出一帶一路倡議，2019年2月19日，翁山蘇姬組建緬甸組建實施一帶一路指導委員會。2020年1月，習近平訪問緬甸首都奈比多會見敏昂來；2021年敏昂來軍事政變，受到舉世譴責和國際制裁後，習近平在北京接見他，等於是以大國領袖追認他的政變為正義之舉。

一帶一路到皎漂和苗瓦迪

皎漂（Kyaukpyu），緬甸若開邦主要城鎮之一，位於緬甸西部孟加拉灣東岸。

習近平於 2013 年倡議的一帶一路實際是中華擴張主義的自然延續，其中中緬經濟走廊起自中國雲南省省會昆明，下達緬甸中部的第二大城曼德勒（瓦城），再分兩路，一路往下直達仰光，另一路往西達到若開邦的皎漂港以及計畫興建的皎漂經濟特區。

中緬經濟走廊總共有二十四個項目，牽涉的金額已經高達二十億美元。值得關注的有六大項目，包括：皎漂深水港；木姐至曼德勒電聯車鐵路；新仰光發展計畫；邊境經濟特區；重啟密松電站和昆明至皎漂鐵路。

其中最重要的是皎漂港建設。

中緬原油管道的起點在皎漂港。中緬油氣管道境外和境內段分別於 2010 年 6 月 3 日和 9 月 10 日正式開工建設。2017 年 4 月 10 日，原油管道工程正式投入運行。

緬甸克倫邦苗瓦迪（Myawaddy）在泰國東北部媚索（Mae Sao）一河之隔對面。苗瓦迪之建設屬於一帶一路的緬甸邊境經濟特區計劃之一。

2015年,習近平指定政治引路人耿飈之子耿志遠接任中緬友好協會長,專門負責緬甸統戰,重點有三:一聯絡緬甸反政府軍;二收買當地黑社會;三籠絡緬甸反民主政府官員,扳倒翁山蘇姬。

2018年11月,中共發改委曾副主任寧吉喆赴緬會見翁山蘇姬等商談一帶一路合作。發改委和中國駐緬大使館於2019年和2020年分別宣佈中國中冶集團、中國北方重工集團等多家中國國企參與苗瓦迪KK園區建設。

耿志遠負責緬甸統戰事務,臭名昭著的KK園區的網絡、銀行卡、手機卡、郵政、園區建造全是中共提供,電力由泰國供應,是中泰合作一帶一路項目之一。

苗瓦迪開發人是段正禮。2006年,他與緬北克欽邦軍政府合作投資礦產開發。2017年8月,在中國官企和央企主導,開始在苗瓦迪建設大型園區,翁山蘇姬代表緬甸政府還應邀出席奠基儀式。

負責經營的是原中國公安特務後被拋棄的佘倫凱(智江)。

苗瓦迪至少有兩股實力強大的武裝力量庇護,他們是從克倫民族聯盟分裂的克倫民主佛教軍－5旅(Democratic Karen Buddhist Army - Brigade 5,縮寫 DKBA-5),後來被緬軍收編後如今已成為當地的克倫邊防軍(Karen Border Guard

Force，縮寫 BGF）。苗瓦迪正是在克倫邊防軍的勢力範圍。

2024 年 4 月 11 日，克倫民族聯盟旗下的克倫民族解放軍（Karen National Liberation Army，縮寫 KNLA）和當地的人民保衛軍已攻克苗瓦迪鎮的最後一處重要軍政府基地，從而全面控制了苗瓦迪。

一帶一路對中共有重大戰略和經濟利益，它一方面支持果敢彭家聲部隊對抗緬軍，另一方面又出售敏昂來先進武器，表面看似矛盾，背後有戰略邏輯。

習近平兩次會見敏昂來，中共外交部長王毅多次訪問奈比都。中共總理李強也於 2024 年 11 月 6 日在雲南省昆明舉行「大湄公河次區域峰會」期間，會見敏昂來。

2025 年 1 月 3 日，一名中華人民共和國籍演員王星，遭 KK 電詐園區拐誘至園區奴役，其女友透過網路求救，可能是他們之一具有強有力政治靠山，中共出面指示泰國和叛軍合力，將王星放回中國大陸。王星不識趣，暴露園區內情，使中共和泰國政府秘密參與緬甸國內詐騙企業，大白於天下。隨後園區實際負責人為緬甸克倫邊防軍中央司令部總書記蘇奇督（Saw Chit Thu）也浮出水面。泰國顏面盡失，不得已切斷於 2 月 5 日緬甸境內的電力和網路供應，但一帶一路源遠流長，道高一尺，魔高一丈，詐騙集團早已準備好備用發電機與太陽能系統，改由寮國取電，詐騙活動不旋踵恢復

運作。接著,3月28日緬甸中部大城曼德里附近發生芮氏8.2級強震,災情慘重,遠在一千公里之外的泰國首都曼谷由中國央企中鐵十局封頂修建的泰國政府國家審計署十層辦公大樓,十秒倒塌,也暴露一帶一路項目潛藏泰國政府內部。

敏昂來

敏昂來於1956年7月3日出生在德林達依州的土瓦。2002年晉升為金三角區域司令部指揮官,並與兩個反叛組織佤邦聯合軍和撣邦東部民族民主同盟軍談判。2009年,他在對果敢地區的叛軍緬甸民族民主同盟軍軍隊發動攻勢後嶄露頭角。

2010年6月,敏昂來擔任陸軍、海軍和空軍參謀長。2011年3月30日,成為新的緬甸武裝部隊總司令,接替辭去國家元首和軍政府首席大將等職的丹瑞(Than Shwe)。

2012年4月3日,敏昂來晉升為緬甸副總理,在緬甸武裝部隊中排名第二。他於2013年3月晉升為大將。

2021年2月1日,緬甸軍方在他的領導下發動政變,奪取以翁山蘇姬和溫敏(Wang Mrang)為首的原政府政權,隨後成立名為緬甸國家管理委員會(State Administration Council)的軍政府,由他擔任該委員會的主席,成為緬甸實

際最高領導人，他同時宣佈進入為期一年的緊急狀態。2021年8月1日，他兼任緬甸總理，並承諾在2023年8月之前舉辦選舉。2022年1月31日宣佈延長緊急狀態。2024年7月22日，接替敏瑞為總統。「緬軍」也被果敢同盟軍和其他反緬部隊謔稱為「敏昂來武裝」。

聯合國人權事務高級專員辦事處報告說，敏昂來的士兵故意以緬甸北部各邦的平民為目標，並一直在對若開邦的少數民族社區進行「系統性歧視」和侵犯人權行為，尤其是他被指控對羅興亞族人民進行種族清洗。這些侵犯人權行為可能構成戰爭罪和危害人類罪。

民族團結政府

自1962年緬甸軍事政變以來，緬甸一直處於緬甸軍政府統治之下。

翁山蘇姬於1988年9月27日創立全國民主聯盟（National League for Democracy，縮寫NLD）政黨，參加選舉，獲勝。

翁山蘇姬長年在重視民主和人權的資本主義發達的英國受教育和居住，夫婿麥可・瓦爾蘭科特・阿里斯（Michael Vaillancourt Aris）是英國牛津大學教授，按理說，她應該是西

方價值的維護者，但她於 2016 年 4 月起被任命為國務資政，掌管國家行政權，8 月就忙不迭訪問中國。中國是緬甸最大的外來投資者，翁山蘇姬顯然被中國利益綁架，未能對其國內各個民族地方武裝與中央政府和解取得突破。

1990 年緬甸議會舉行選舉，翁山蘇姬的全國民主聯盟取得壓倒性勝利，軍政府不但拒交政權，反而將翁山蘇姬軟禁在家。

2020 年緬甸議會選舉，民族團結政府遙奉軍方扣留的溫敏和翁山蘇姬為總統和國務資政，尋求國際承認他們才是緬甸政府代表。東盟人權議員組織已宣佈承認民族團結政府，並呼籲東盟此後拒絕軍政府代表出席會議。

2021 年 2 月 1 日，敏昂來發動軍事政變。翁山蘇姬、溫敏、韓達敏等黨領導人被捕，引起連續多日民眾抗議、罷工和示威遊行，並有多人被軍人射殺死亡。

2021 年 4 月 16 日，緬甸聯邦議會代表委員會成立民族團結政府（National Unity Government，縮寫 NUG），內閣成員為 2020 年緬甸議會選舉中當選的議員、少數族裔成員和反對政變的關鍵人物，幾乎所有內閣成員都流亡國內外。敏昂來的緬甸軍政府宣佈國家團結政府為非法機構。

國際上有兩個緬甸政府，一個是敏昂來的緬甸國家管理委員會，另一個是翁山蘇姬所代表的民族團結政府。

民族團結政府代表吞昂瑞（Tun-Aung Shwe）流亡澳大利亞，向國際積極申訴。

2021年5月5日，民族團結政府宣佈成立人民防衛軍作為其武裝力量，發動對軍政府的武裝革命。5月8日，軍政府宣佈將民族團結政府列為恐怖組織。

2021年9月7日，民族團結政府宣佈對軍政府發動防禦戰，並呼籲全國各地的公民反抗軍政府。

中國和美國幕後妥協，阻止緬甸軍方代表參加會議，有效阻止了取代來自民族團結政府的緬甸常駐聯合國代表覺莫吞（Kyaw Moe Tun）的行為。

緬甸民族團結政府現任總統為杜瓦拉希拉（Duwa Lashi La），出身克欽族，原是律師，曾任克欽國民議會主席，已佔據實皆省，號召原翁山蘇姬的政府人員來歸，協助「民族團結政府」打開局面。

民地武

緬甸分七個省和七個邦，2013年至2015年全國停火協議談判期間，緬甸各省、各邦湧出了各種「民族武裝組織」，中文圈通稱為「緬甸少數民族地方武裝」（ethnic armed organisation），簡稱「民地武」。它們大都奉翁山蘇姬的民

族團結政府為正朔,少數是爭取獨立建國的獨立軍。各「民地武」間出現合縱連橫,緬甸進入戰國時代。

撣邦

撣邦是緬甸面積最大和人口最多的一個邦。撣族(又稱傣族)是撣邦最大的民族,也是緬甸第二大民族。

坤沙投降緬甸政府,坤沙的「蒙泰軍」成員大部分卸甲歸田,人數超過一萬人,但有三千人拒絕投降。以此為核心,逐漸凝集了三大武裝力量:召賽農(Sao Sai Nong)領導的北部撣邦軍(Shan State Army-North,縮寫 SSA-N);召袞姚(Sao Gunn Yawd)與賽義(Sai Yi)領導的撣邦民族軍(Shan State Nationalities Army,SSNA);昭耀世(Sao Yawd Serk)領導的南部撣邦軍(Shan State Army-South,縮寫 SSA-S)。

北部撣邦軍與撣邦民族軍,不久與緬甸軍政府先後簽訂了停戰協議,南部撣邦軍則堅持武裝抵抗,拒絕妥協。接著南部撣邦軍在 2005 年 4 月 19 日為緬政府宣佈為恐怖組織,佳義(Jia Yi)帶領一、二千撣邦民族軍的士兵與南部撣邦軍合併,成南部撣邦軍的副手。此後,北部撣邦軍被稱為撣邦軍,略去「南部」字眼。

昭耀世生於撣邦南部,17 歲參加撣邦聯合革命軍第三軍區部。1977 年在泰撣邊界接受由國民黨三、五軍軍團教官

培訓，後任召光正主席的通訊員。召光正任坤沙「撣邦共和國」主席。

1995年蒙泰軍分崩離析之際，坤沙下令昭耀世回總部賀蒙，昭耀世以重事纏身為藉口，拒返總部。同年12月，當坤沙親赴仰光談判投降條件時，昭耀世又堅持抗議，不願隨坤沙投降緬甸政府。1995年12月27日，昭耀世帶領800名不屈戰士，渡薩爾溫江抵達撣邦中部，重新整編民族軍隊，於1996年1月26日成立了南部撣邦軍。隨後，他又招募了大約1000名士兵，返回撣邦南部，於2003年在老泰亮建立了南撣邦軍總部。

緬甸政府加強在撣邦中部和南部對南部撣邦軍攻擊。成千上萬的難民湧入泰緬邊境。1999年末，南部撣邦軍被趕入深山叢林，在泰國夜豐頌省彭馬法縣（Pang Ma Pha）隔界的老泰良（Loi Taileng）建立撣邦復興委員會（Shan State Restoration Council，縮寫RCSS）的總部。老泰良義為泰族光明之山。地勢高，易守難攻，緬甸軍不易攻入。有兵約5千人，也是撣邦軍的新兵訓練基地。此後，南撣邦軍已成為緬甸最大的撣邦武裝組織之一，截至2016年，該組織約有8,000名士兵。南撣邦軍的政治組織是撣邦重建委員會。

2015年10月，緬軍發動軍事攻勢，企圖收復以前停火協議劃給北撣邦軍棲身的領土。緬軍使用了重型火炮和空襲，

造成數千平民流離失所。

　　此外，在撣邦還有其他少數民族地方武裝組織，包括已據半壁江山的果敢彭家王朝的「緬甸民族民主同盟軍」、德昂民187族解放軍（TNLA）、佤族軍、拉祜民主聯盟（LDU）和勃歐民族解放軍（PNLA）等，規模和隸屬關係各不相同。

　　南部撣邦軍與克倫族聯盟（Karen National Union，縮寫KNU）、克倫尼族進步黨（Karenni National Progressive Party，縮寫KNPP）、欽族陣線（Chin National Front，縮寫CNF）、若開解放黨（Arakan Liberation Party，縮寫ALP）等結盟，成立了5個戰鬥同盟，共同抵抗緬甸軍政府。

　　2011年12月2日，緬甸政府和南部撣邦軍簽訂停火協議。緬軍要求佤邦聯合軍、撣東同盟軍、北撣邦軍、撣邦軍等完全轉型為邊防部隊，緬軍企圖在其中安插30名以上的軍官，交換條件是讓撣邦復興委員會在緬甸境內七個地點成立辦公室。佤邦聯合軍、撣東同盟軍已經同意改編。

克倫邦

　　克倫族是緬甸第三大民族。

　　二戰期間，英國殖民政府為聯合克倫族抵抗日軍，承諾在戰後幫助克倫族獨立建國或建立具有完全自治權的

「邦」。克倫族士兵便與英軍一同浴血奮戰直到二戰勝利。二戰結束後的1947年，為脫離英國的殖民統治，翁山和各個地方武裝簽訂了《彬龍協議》，親英方的克倫族武裝沒有參與。緬甸獨立後，英國政府沒有履行承諾，而克倫族則沒有解除武裝，繼續為爭取民族自治與平等權而抗爭。克倫族武裝後來分成了「克倫國家聯盟」、「克倫中央組織」、「佛教克倫」和「克倫青年」。1947年2月5日，四支武裝組織正式組建「克倫民族聯盟」。1949年，克倫族武裝一度包圍了首都仰光，政府軍隨後組織反擊，瓦解了圍攻。

1951年2月，緬甸政府宣佈成立與其他省邦平級的「克倫邦政府」，克倫族反政府武裝與緬甸政府的關係卻並未緩和。1956年，克倫民族聯盟（Karen National Union，縮寫KNU）第二次大會作出決議：遵循民族民主政策，建立擁有邦內自決權的克倫族「高都麗邦」（Kawthoolei）。武裝組織克倫民族解放軍稱（Karen National Liberation Army，縮寫KNLA）。

1976年起，克倫民族聯盟由波米亞（Bo Mya）擔任主席，直到2000年卸任。1984年8月19日，波米亞宣佈成立「高都麗共和國」。1994年12月，緬甸政府利用克倫族佛教徒與基督教徒之間持續多年的宗教衝突，民主克倫佛教軍與克倫民族解放軍因道不同，不相為謀，開始分道揚鑣。1995

年，緬軍攻克了克倫民族聯盟的總部所在地馬納普洛，克倫族反政府武裝退至泰緬邊境打游擊。1997 年，緬軍繼續對克倫民族聯盟發動大規模軍事攻勢，克倫民族聯盟在英美等西方國家的支持下，堅持武裝對抗。

2010 年 11 月 2 日，克倫民族聯盟與克倫尼族進步黨（Karenni National Progressive Party，縮寫 KNPP）、欽民族陣線、克欽獨立組織、新孟邦黨（NMSP）以及北撣邦軍結盟。

2015 年 10 月 15 日，克倫民族聯盟與其他幾個緬甸武裝一起與緬甸政府簽署了《全國停火協議》。

2022 年 8 月，克倫民族聯盟與民主克倫佛教軍合併，並組建新部隊—哥都禮武裝部隊。

克倫民族聯盟曾多年來一直通過控制與泰國的邊界黑市交易以及通過地方稅收來資助其活動。聯盟領導層以基督徒居多，整個組織也充滿了基督教的色彩，但大部分的克倫族人為佛教徒。聯盟領導層由四年一度的大會選舉產生。

民主克倫佛教軍－5 旅（Democratic Karen Buddhist Army-Brigade 5，縮寫 DKBA-5），簡稱克倫佛教軍或佛教軍（DKBA）、於 2010 年緬甸議會選舉期間，襲擊克倫邦苗瓦迪鎮區，進而控制 KK 園區，領導人為蘇奇督，兼任緬軍克倫邊防軍（BGF）統帥。蘇奇督引入中國、柬埔寨等地的電詐頭目，合作開發「水溝谷亞太新城」「KK 園區」。蘇奇

督麾下擁有約 6,000 名士兵，耗資巨大。他通過向電詐園區收取地租（佔股 30%）、保護費，年入 7 億美元。

克欽邦

克欽（Kachin）族是緬甸的第六大民族，主要分佈在克欽邦、撣邦、實皆省。克欽邦有 6 個縣，首府密支那。中國雲南邊境也有克欽族，名稱為景頗族。

宗教關係緊張克欽與緬族衝突的根源之一，克欽人信奉基督教，緬族則主要信奉佛教。克欽獨立軍（Kachin Independent Army，縮寫 KIA）發源於二戰美軍 101 克欽突擊隊（USA Kachin Rangers），克欽獨立組織（Kachin Independent Organization，縮寫 KIO）組織成立於 1960 年，主要領袖有羅相、趙相（Zau Seng）、趙邁（Malizup Zau Mai）、丁英（Zahkung Ting Ying）以及趙龍（Gauri Zau Seng）。

羅相（Naw Seng）是克欽人，1920 年出生於緬甸臘戌的曼岡。

羅相漢名方克欽。他一度帶 414 人逃入中國雲南，後來被中共國政府安置在貴州羅平縣任貴州體委副主任，外號「貴州老兵」。

克欽組織的勢力大小一直不斷的波動，與緬甸政府軍簽

訂停火條約以後逐漸穩定成長。從那時起，克欽獨立軍的主要收入來自於伐木（以柚木為主）、經營賭場和詐騙、買賣玉石和對跨國界貿易稅收，同時在整個克欽邦和撣邦北部招募新兵。根據一項 2009 年的估計，獨立軍應該有 15,000 名到 25,000 名屬於正規成員的男女。

1987 年 5 月，緬軍對克欽獨立軍進行歷史上最大規模的清剿。時任「克欽獨立組織」主席的趙邁執行不抵抗政策，其「中央政府」被迫退到距雲南省盈江縣邊緣數百米的「勒新」。後由於雨季阻擋緬軍的繼續進攻，克欽獨立軍才得以保存。

1980 年代晚期，中華人民共和國停止對克欽獨立軍的援助，而緬甸的中央政府開始挑撥離間那些反對緬甸統治，並且原本就缺乏良好組織的獨立團體之間的關係。

丁英的克欽新民主軍，原為 1969 年丁英和澤龍率部脫離克欽獨立軍，加入緬共，稱緬共 101 軍區。

1989 年 10 月，丁英禮送緬共出境後，與緬政府和解，1990 年 1 月成立「緬甸克欽邦第一特區」，緬共 101 部隊改為克欽新民主軍。總部在板瓦，約千餘人。2009 年 8 月 8 日果敢 88 事件中，緬甸民族民主同盟軍與緬甸政府衝突，引發大批難民潮。丁英被迫接受將克欽新民主軍改編為緬甸政府軍邊防 1001 營、1002 營、1003 營，每營 308 人，原新民主軍

一半以上軍官留任，且每營混編緬軍至少30名軍官。根據協議，克欽邊防軍只參與抗擊外國侵略軍，不參與內戰。

1989年和1990年是克欽獨立軍最危急時期，其總部被迫撤出老中央普達連，搬至萊鑫。撣邦克欽專區內的克欽獨立軍老四旅被緬軍圍困，向獨立軍中央求援。1991年老四旅領導人木土諾率旅部及該旅三分之一的人員投降緬軍後，被緬方改編為克欽保衛軍（KDA），總部在鞏卡（貴概鎮附近），人數約千餘人，後被編為「緬甸撣邦第五特區」。獨立軍南下救援部隊到達撣邦克欽專區後，與未投降的老四旅餘部會合，組建的部隊為現在的克欽獨立軍新四旅。克欽保衛軍在緬軍指揮下多次與克欽獨立軍作戰，1994年2月克欽獨立軍與緬軍中央政府簽署「停火協議」，克欽獨立軍其控制地區被編為「緬甸克欽邦第二特區」。

克欽獨立軍總部在拉咱（與中國盈江縣那邦鎮相鄰）。政治訴求是恢復1947年的《彬龍協議》框架內的民族高度自治。

2011年6月9日，克欽獨立軍與緬軍因太平江一級水電站開戰，接著緬軍又殺害一名克欽獨立軍下士，遂於14日拒絕政府軍停火要求，持續在靠近滇緬邊境與政府軍激戰。緬軍監禁丁英及參謀長俄老、勒哇央民團領導人臘桑翁、克欽保衛軍（NDA）領導人木途諾。2012年4月，克欽獨立軍出

兵攻占克欽新民主軍的部分轄區。5月1日，丁英舊部500多人向克欽獨立軍投降，三名軍事長官全部被俘。

8月9日丁英擺脫緬軍控制，回到板瓦。

克欽獨立軍曾與政府多次簽署停火協議，其中最著名的是1994年協議維持17年和平，直到2011年6月緬軍襲擊克欽獨立軍位於克欽邦八莫東部塔平河沿岸的陣地，才重啟戰火。

2018年1月，恩版臘成為克欽獨立組織主席和克欽獨立軍二把手。甘雙仍擔任克欽獨立軍總司令。

克欽獨立軍一路攻城掠地，將緬甸政府軍打得節節敗退，原克欽獨立軍主席恩板臘（N'Ban La）上將說：「若公平待遇，若克欽民眾享有與雲南人民相同的待遇，我願意考慮將克欽地區納入中國的一個省份。」克欽獨立軍目前尚求併入中國而不可得。

若開邦和羅興亞人

若開（Rakhine）邦位於緬甸西部，與孟加拉的吉大港（Chittagong）接壤。若開邦主體為若開人（Rakhine），或稱阿拉干人（Arakanese），邦內還有欽族（Chin）、羅興亞（Rohingya）和其他民族。若開族與孟加拉人接近，膚色略帶灰色，語言近於緬語。

若開族、欽族、和羅興亞人等族一直都在爭取自決權。1978年以前，若開邦是紅旗共產黨的大本營，其繼承者若開共產黨一直在若開邦發動叛亂。

2009年4月10日通米亞良（Twan Mrat Naing）建立若開民族聯盟（United League of Arakan，縮寫ULA）。若開民族軍（Arakha National Army，縮寫ANA）、若開解放軍（Arakha Liberation Army，縮寫ALA）合稱為「若開三軍」，都是以反緬軍為目標。

大多數若開軍的士兵都是在克欽獨立軍的軍營內接受訓練，若開軍有2,500名士兵和1萬名支持者。

2015年2月，若開軍與果敢的緬甸民族民主同盟軍、德昂民族解放軍共同參與了2015年果敢軍事衝突，對抗緬甸國防軍。

2019年1月4日，約300名若開軍武裝分子在黎明前對布迪當鎮區北部的四個邊境警察哨所——Kyaung Taung、Nga Myin Taw、Ka Htee La和Kone Myint——發動了襲擊。13名邊防警察（BGP）成員被打死，另有9人受傷，40支槍枝和1萬多發彈藥被搶走。若開軍後來稱，他們抓獲了9名邊防警察和5名平民，有3名戰士也在襲擊中喪生。

襲擊發生後，緬甸總統辦公室於2019年1月7日在首都內比都召開了國家安全高級別會議，並指示國防部在遭到

襲擊的地區增加兵力部署，並在必要時動用飛機。據報道，緬軍和若開軍隨後在孟都、布迪當、皎道、拉代當和邦納均等鎮發生衝突，迫使 5,000 多名平民離開家園，其中數百人（主要是若開族和卡米族）越過邊境逃入孟加拉國。還有關於平民傷亡、任意毆打和拘留若開族人、強行沒收財產以及緬軍封鎖糧食援助和醫療救濟的報道。

羅興亞人是英國殖民時代從孟加拉移居緬甸的穆斯林，種族與若開相同，宗教、文化則相異，緬甸政府因是後來移居，拒絕承認其國籍。緬甸一直希望把他們強行遣返孟加拉國。

1948 年以來，羅興亞人武裝分子一直在若開邦北部與地方政府軍和其他武裝組織作戰，以穆斯林為主的羅興亞族和以佛教徒為主的若開族之間持續不斷的宗教暴力加劇了衝突。

1949 年至 1954 年間，緬甸軍方發起了數次行動，以重新控制該地區。到 20 世紀 50 年代末，聖戰者組織失去了大部分動力和支持，到 1961 年，他們的大多數戰士都已投降。

奈溫對羅興亞人的敵意與日俱增。為了驅逐若開邦的「叛亂分子」和所謂的「外國人」，緬甸當局發起了大規模軍事行動，如 1978 年的「龍王行動」和 1991 年的「清潔美麗國家行動」。

羅興亞人的法律和政治權利一直是衝突的潛在原因。因此不時發生自發的暴力事件，如2012年若開邦暴動和2013年緬甸反穆斯林暴動。儘管羅興亞人佔若開邦北部三個鎮區人口的大多數，但他們經常成為出於宗教動機的襲擊的目標。1982年的緬甸《國籍法》並不承認羅興亞人是緬甸本土的一個民族。因此，羅興亞人無法申請緬甸公民身份，也幾乎沒有法律保護他們的權利。

1990年代起，羅興亞團結組織在緬甸與孟加拉國邊界附近襲擊緬軍駐地，並多次與該地的佛教徒衝突。

2016年緬甸羅興亞人危難期間，趁緬甸政權更替之際，武裝組織恢復活動，遭緬甸大力鎮壓，10月9日，不明身分的武裝分子襲擊了緬甸和孟加拉國邊境的三個緬甸邊防哨所，在若開邦北部引發新的武裝衝突，緬甸政府開始將羅興亞平民逐出若開邦。

10月11日，4名緬軍士兵在戰鬥的第三天被打死。一周後，若開羅興亞救世軍（Arakhan Rohingya Salvation Army，縮寫ARSA）宣告成立，承認救世軍是襲擊的發動者。

2017年8月25日凌晨，若開羅興亞救世軍對24個警察哨所和第552輕步兵營陸軍基地發動協同襲擊，導致十幾人死亡。緬軍反擊，在若開邦北部發起了「清剿行動」，緊張局勢達到沸點。若開軍於2010年初與克欽獨立軍並肩作戰，

在衝突死灰復燃後恢復了在若開邦的軍事行動，並於 2018 年對若開邦的緬軍發動數次襲擊。

德昂民族解放軍

德昂（Ta'ang）又稱崩龍族（Palaung），是撣族近親，坤沙母親南相總就是德昂，坤沙本人是漢與德昂混血，心理上他自認是漢人。

德昂族又稱崩龍族，德昂族在緬甸稱巴朗（Paluang）族。德昂在撣邦設有德昂自治區。

1963 年 1 月 12 日，德昂族高舉獨立旗幟，成立崩龍民族陣線（Palaung State Front，縮寫 PNF）。

1976 年，達孔當（Tar Khon Thaung）將崩龍民族軍改編為崩龍邦解放軍（Palaung State Liberation Army，縮寫 PSLA），主要活動於活躍於雲南鎮康與果敢之間的雲南南傘。2013 年 7 月和緬甸軍政府進行和平會談，雙方多次軍事衝突。

1991 年 4 月 21 日，崩龍邦解放軍與緬甸政府簽署停火協議。2005 年 4 月 29 日，崩龍邦解放軍被解除武裝。崩龍邦解放軍與緬甸政府簽署停火協議之後，部分常駐泰緬邊境的崩龍邦解放軍領導人拒絕承認此協議，他們於 1992 年 1 月 12 日在克倫武裝控制區馬那普洛（Manerplaw）成立了崩龍邦解

放陣線，並加入民族武裝聯盟民族民主陣線。2009年10月，崩龍邦解放陣線召開第三次代表大會，決定並組建了德昂民族解放軍，得到了德昂人民的支持，克欽獨立軍和佤邦聯合軍等其他民族武裝組織也給予了軍事援助。

2011年，德昂民族解放軍進入德昂族聚居區開展軍事行動。兵力有正規軍七個團，士兵約2,000人。

2021年政變之前，德昂民族解放軍主要針對撣邦北部的緬甸國防軍進行局部行動。

克耶邦

克耶（Kayah）又稱紅克倫或克倫尼民族（Karenni）。

1957年，克耶邦的民族獨立組織成立了克倫尼族人民進步黨（Karenni Nation People's Progress Party，縮寫KNPP）。不久克倫尼軍隨之成立。除1995年短暫三個月停火外，克倫尼軍一直在克耶邦與緬軍周旋。

除此，還有左翼，反緬軍的克耶新土地黨（KNLP）和克倫尼民族人民解放陣線（Karenni Nationalities People's Liberation Front，縮寫KNPLF），後來都與緬軍簽署停火協議。

克倫尼軍對軍政府的不滿，包括克耶邦自然資源亂伐亂採、低價強購農產品、勒索腐敗、強迫勞動、強迫拆遷、平民區埋設地雷、酷刑、強姦、法外處決、焚燒村莊、沒收

糧食和牲畜、任意逮捕和剝削。克倫尼軍目前大約有 500 至 1,500 名士兵。

2021 年軍事政變後，原緬甸文官政府領導的克倫尼民族保衛軍在克耶邦北部開闢新戰線，衝突升級。在緬軍襲擊並燒毀了該地區的幾個村莊後，克倫尼民族保衛軍戰士對緬軍發動了進攻，奪取並摧毀了幾個軍事哨所。

孟邦

緬甸獨立以來，孟族人民一直尋求自決，最初是在孟族人民陣線領導下，1962 年成立了新孟邦黨（NMSP）。1949 年以來，孟民族解放軍（Mon National Liberation Army，縮寫 MNLA）一直在與政府軍作戰。2015 年孟民族解放軍簽署了《全國停火協議》，並與克倫民族解放軍（KNLA）發生過小規模衝突。

欽邦

緬甸欽族與印度米佐拉姆邦（Mizoram）的米佐族（Mizo）和印度東北部的庫基族（Kuki）是同族。

1960 年，敦和普姆・拜特（Tun Kho Pum Baite）創建了欽解放軍（Chin Liberation Army，縮寫 CLA），以統一欽族聚居區，而米佐民族陣線（Zomi Nationary Front，縮寫 MNF）

則為米佐獨立而戰。欽民族軍（Chin National Army，縮寫 CNA）成立於 1988 年。2012 年，它與欽邦政府簽署停火協議。庫基民族軍（Kuki National Army，縮寫 KNA）也成立於 1988 年，其目標是在緬甸和印度建立庫基自治。

印度東北部與印度政府作戰的幾個分離主義組織也以緬甸為基地開展活動，如佐米革命軍（Zomi Revolutional Army，縮寫 ZRA）、阿薩姆聯合解放陣線（United Liberation Front of Asom，縮寫 ULFA）和那加蘭民族社會主義委員會（National Socialist Council of Nagaland，縮寫 NSCN）。這些組織經常通過管理鬆懈的邊境進入印度。

2019 年 6 月，緬軍在印度軍隊的配合下，對緬甸實皆省那加自治區塔加的那加蘭民族社會主義委員會總部也進行征勦。

緬甸民族革命軍

2022 年 1 月 1 日波那伽（Bo Nagar）在實皆省勃萊鎮（Pale Township）創立緬甸皇龍軍（Myanmar Royal Dragon Army），由 2023 年 9 月 9 日成立的緬甸民族革命軍（Burma National Revolutionary Army，BNRA）領導。該組織的領導者為成員大多來自實皆省、馬圭省和曼德勒省，目標是制定自由、平等政治政策。

實皆省位於緬甸西北部，與印度的那加蘭、曼尼普爾邦和阿魯納恰爾邦接壤，東連克欽邦、撣邦，行政首都和最大城市是蒙育瓦（Monywa）。實皆居民為驃（Pyu）人，與印度那加人近親，屬於中國的羌族。他們歷經阿奴律陀（Anawrahta）的蒲甘、實皆、阿瓦（Ava）、東吁（Taungoo）、雍籍牙（Konbaung）等各王朝和英國人的殖民統治。

2021年緬甸政變後，實皆省是緬族反抗緬軍最重要據點。緬軍在實皆省各地發動大規模的軍事襲擊，以剿滅抵抗力量和恐嚇居民。此後，緬軍在實皆省發動幾次大屠殺，包括2022年的讓科恩（Let Yet Kone）村和2023年的塔泰因村（Tar Taing）。

緬甸民族革命軍於2023年9月12日與民族團結政府（NUG）、人民保衛軍（PDF）、當地人民保衛組織（Local PDF）和民族革命力量共同努力保護緬甸人民的生命安全、創建各民族享有平等權利的聯邦民主國家。緬甸民族革命軍目前是反對敏昂來緬甸軍政府最有號召力的軍事力量，力量稍遜於緬甸民族民主同盟軍。

主要參考資料

柏楊,《異域》,遠流,台北,2000

柏楊,《金三角,邊區,荒城》,時報文化出版事業有限公司,台北,1982

陳文,《坤沙:金三角傳奇》,允晨文化,台北,1996

覃怡輝,《金三角國軍血淚史 1950－1981》,聯經出版,台北,2009

〈坤沙自傳〉,台灣中國時報發行,中文《時報周刊》第 332 期,p. 59-63,1991 年 7 月 6 日,紐約

Alfred W. McCoy, *The Politics of Heroin in Southeast Asia*, Harper & Row, 1977

Catherine Lamour, Michel R. Lamberti, *Les Grandes manoeuvres de l'opium*, Seuil, 1975

Catherine Lamour, *The Second Opium War*, Allen Lane, 1974

Jackie Yang Li(楊麗), *The House of Yang, Guardians of an Unknown Frontier*《楊家,一個未知國門的守護者》, Bookpress, Sydney, Australia, 1997

James George Scott, *Gazetteer of Upper Burma and the Shan States*, superintendent, Government printing, Burma, 1899

Richard Michael Gibson, Chen Wen, *The Secret Army: Chiang Kai-shek and the Drug Warlords of the Golden Triangle*, Wiley, Singapore, 2011

Thant Myint-U, *Where China Meets India: Burma and the New Crossroads of Asia*, Farrar Straus & Giroux, 2011

```
國家圖書館出版品預行編目

金三角與一帶一路 / 陳文華著. -- 臺北市：致
出版, 2025.07
  面；   公分
  ISBN 978-626-7666-07-4(平裝)

1.CST: 經濟史 2.CST: 區域經濟

550.9                              114004860
```

金三角與一帶一路

作　　者／陳文華
出版策劃／致出版
製作銷售／秀威資訊科技股份有限公司
　　　　　114 台北市內湖區瑞光路76巷69號2樓
　　　　　電話：+886-2-2796-3638
　　　　　傳真：+886-2-2796-1377
網路訂購／秀威書店：https://store.showwe.tw
　　　　　博客來網路書店：https://www.books.com.tw
　　　　　三民網路書店：https://www.m.sanmin.com.tw
　　　　　讀冊生活：https://www.taaze.tw

出版日期／2025年7月　　定價／350元

致 出 版　　　　　　　　向出版者致敬

版權所有・翻印必究　All Rights Reserved
Printed in Taiwan